O NOVO DIREITO
DO MAR

Adherbal Meira Mattos

O NOVO DIREITO
DO MAR

RENOVAR
Rio de Janeiro • São Paulo • Recife
2008

Todos os direitos reservados à
LIVRARIA E EDITORA RENOVAR LTDA.
MATRIZ: Rua da Assembléia, 10/2.421 - Centro - RJ
CEP: 20011-901 - Tel.: (21) 2531-2205 - Fax: (21) 2531-2135
FILIAL RJ: Tels.: (21) 2589-1863 / 2580-8596 - Fax: (21) 2589-1962
FILIAL SP: Tel.: (11) 3104-9951 - Fax: (11) 3105-0359
FILIAL PE: Tel.: (81) 3223-4988 - Fax: (81) 3223-1176

LIVRARIA CENTRO (RJ): Tels.: (21) 2531-1316 / 2531-1338 - Fax: (21) 2531-1873
LIVRARIA IPANEMA (RJ): Tel: (21) 2287-4080 - Fax: (21) 2287-4888

www.editorarenovar.com.br   renovar@editorarenovar.com.br
                            SAC: 0800-221863
© 2008 by Livraria Editora Renovar Ltda.

Conselho Editorial:

Arnaldo Lopes Süssekind — Presidente
Caio Tácito (*in memoriam*)
Carlos Alberto Menezes Direito
Celso de Albuquerque Mello (*in memoriam*)
Luiz Emygdio F. da Rosa Jr.
Nadia de Araujo
Ricardo Lobo Torres
Ricardo Pereira Lira

Revisão Tipográfica: Luís Fernando Guedes

Capa: Diogo Machado

Editoração Eletrônica: TopTextos Edições Gráficas Ltda.

Nº 0501

CIP-Brasil. Catalogação-na-fonte
Sindicato Nacional dos Editores de Livros, RJ.

M186n
Mattos, Adherbal Meira
    O novo direito do mar - 2ª ed. revista e atualizada / Adherbal Meira Mattos. — Rio de Janeiro: Renovar, 2008.
    163p. ; 21cm.

    ISBN 978857147-679-0

    1. Direito marítimo. I. Título.

CDD 346.810922

Proibida a reprodução (Lei 9.610/98)
Impresso no Brasil
Printed in Brazil

Dedicado aos queridos netos Bruno, Juliana, Otávia, Ricardo e Nathalia

ÍNDICE

Capítulo I

CONVENÇÃO DAS NAÇÕES UNIDAS SOBRE O DIREITO DO MAR

1 — Introdução 1
2 — Mar Territorial 8
3 — Zona Contígua 23
4 — Estreitos 26
5 — Estados Arquipélagos 29
6 — Zona Econômica Exclusiva 31
7 — Plataforma Continental 38
8 — Alto-Mar 45
9 — Ilhas 58
10 — Mares Fechados ou Semifechados 60
11 — Estados Sem Litoral 61
12 — A Área 68
13 — Meio Ambiente Marinho 87
14 — Ciência e Tecnologia 98
15 — Solução de Controvérsias 104

Capítulo II
CONSEQÜÊNCIAS PARA O BRASIL

1 — Lei nº 8.617/93 128
2 — Projeto LEPLAC/89 133
3 — Programa REVIZEE/94 137

Capítulo III

CONCLUSÕES 147
BIBLIOGRAFIA 161

Quando lancei, em 1996, pela RENOVAR, meu Curso de Direito Internacional Público, surgiu a idéia de um estudo mais aprofundado de seu Capítulo IX (O Novo Direito do Mar), que ora vem à luz, pela mesma Editora.

Este livro é uma análise sintética da Convenção da ONU/82, sobre o Direito do Mar e de sua repercussão jurídico-político-estratégica no Brasil.

Agradeço a valiosa colaboração recebida do Projeto LEPLAC, através do Cmte. Alexandre Tagore de Albuquerque e da Escola de Guerra Naval, através do Cmte. Antônio Ruy de Almeida Silva.

Agora, em 2008, faço nova edição do livro, reforçando o disposto no Acordo sobre a Implementação da Parte XI da Convenção.

Adherbal Meira Mattos

CAPÍTULO I

CONVENÇÃO DAS NAÇÕES UNIDAS SOBRE O DIREITO DO MAR

1 — Introdução

A I Conferência das Nações Unidas sobre o Direito do Mar, de 1958, em Genebra, com a presença de 86 Estados, normatizou sobre o Direito do Mar em quatro documentos, sob a forma de Convenções, além de um Protocolo Facultativo para a Solução de Litígios. As Convenções trataram de Mar Territorial e Zona Contígua; Plataforma Continental; Pesca e Conservação dos Recursos Vivos do Alto-Mar; e Alto-Mar.

A II Conferência das Nações Unidas sobre o Direito do Mar, também realizada em Genebra, em 1960, com a presença de 88 Estados, não conseguiu qualquer resultado.

A III Conferência das Nações Unidas sobre o Direito do Mar, com sessões em Nova York, Caracas e Genebra, de 1973 a 1982, culminou com a assinatura, em Montego Bay, na Jamaica, da Convenção das Nações Unidas sobre o Direito do Mar, a 10 de Dezembro de 1982, com a presença de 164 Estados (membros ou não da ONU), além de observadores (Estados e Territórios, Movimentos de Libertação,

Agências Especializadas da ONU, Organizações Intergovernamentais e ONG's). A Convenção compreende um Preâmbulo, 17 Partes e 9 Anexos, além da Ata Final da Conferência. Num só documento, dispõe sobre Mar Territorial e Zona Contígua; Estreitos Utilizados para a Navegação Internacional; Estados Arquipélagos; Zona Econômica Exclusiva; Plataforma Continental; Alto-Mar; Ilhas; Mares Fechados ou Semifechados; Estados sem Litoral; a Área; Proteção e Preservação do Meio Marinho; Investigação Científica Marinha; Desenvolvimento e Transferência de Tecnologia Marinha; Solução de Controvérsias; Disposições Gerais; e Disposições Finais.

Antes da I Conferência da ONU, ao tempo da Sociedade das Nações, a Conferência da Haia, de 1930, discutiu sobre mar territorial, mas não chegou a nenhuma Convenção, dela tendo participado 33 Estados. Entre a II e a III Conferências da ONU, no plano regional, a Conferência de São Domingos, de 1972, analisou o Direito do Mar em um só documento, sob a forma de Declaração, dispondo sobre Mar Territorial, Mar Patrimonial, Plataforma Continental, Alto-Mar, Fundo do Mar Internacional, Poluição Marinha e Cooperação Regional.

Esses são, entre outros, os principais documentos contendo normas sobre Direito do Mar. Alguns institutos estão sempre presentes, como mar territorial, plataforma continental e alto-mar. Os institutos do mar patrimonial e do fundo do mar internacional, da Declaração de São Domingos, foram aproveitados e desenvolvidos pela Convenção da Jamaica, sob as rubricas de zona econômica exclusiva (ZEE) e a Área. A Convenção também tratou de mares fechados ou semifechados, de estreitos e de Estados Arquipélagos, detendo-se sobre o exercício de soberania (mar territorial, estreitos e Estados Arquipélagos); sobre o exercício, apenas, de direitos soberanos (zona econômica exclusiva e plataforma continental); e sobre o não-exercício de soberania ou de direitos soberanos (alto-mar e a Área).

A Convenção da ONU/82, conforme dito acima, compreende um Preâmbulo, 17 Partes e 9 Anexos, a que se segue a Ata Final da Conferência das Nações Unidas sobre o Direito do Mar.

O Preâmbulo considera que os problemas do espaço oceânico estão estreitamente inter-relacionados, devendo ser considerados como um todo. Ao lado do respeito à soberania dos Estados, deverá haver uma ordem jurídica que facilite as comunicações internacionais e promova o uso pacífico dos mares, a conservação e utilização eqüitativa de seus recursos vivos e a proteção do meio marinho. Baseia-se, também, numa ordem econômica internacional justa, visando os interesses de todos os países e, em especial, dos países em desenvolvimento; na noção de patrimônio comum da Humanidade para os fundos marinhos e seus recursos; e no fortalecimento da paz, segurança e cooperação entre os Estados. As 17 Partes, *supra* enumeradas são complementadas pelos 9 Anexos, quanto à plataforma (Comissão de Limites da Plataforma Continental), à Área (Condições básicas para prospecção, exploração e aproveitamento; Estatuto da Empresa), à Solução de Controvérsias (Conciliação, Estatuto do Tribunal Internacional do Direito do Mar, Arbitragem e Arbitragem Especial); e participação de organizações internacionais. A Ata Final traz Resoluções (Área e Ciência e Tecnologia), uma Declaração (margem continental), Homenagens, etc. O contido nos Anexos e na Ata Final será analisado no estudo das Partes que compõem a Convenção.

A Convenção, em suas Disposições Gerais (Parte XVI: arts. 200 a 304), reza que os Estados Partes devem:

— cumprir de boa-fé as obrigações nela contraídas e exercer os direitos, jurisdição e liberdades nela reconhecidos, de modo a não constituir abuso de direito;

— abster-se de ameaça ou uso da força contra a integridade territorial ou a independência política dos outros Estados, ou de qualquer outra forma incompatível com os princípios da Carta da ONU (respeito à soberania, boa-fé, autodeterminação, não-intervenção, cooperação, etc.);

— evitar fornecer informações cuja divulgação seja contrária aos interesses essenciais da sua segurança;

— proteger os objetos de caráter arqueológico e histórico achados no mar, com ressalva aos direitos dos proprietários identificáveis, às normas de salvamento e às leis e práticas de intercâmbio cultural;

— observar as suas disposições quanto à responsabilidade por danos, sem prejuízo da aplicação de outras normas sobre a matéria.

De modo sintético, as Disposições Gerais da Convenção (boa-fé, fins pacíficos, segurança e respeito à soberania) seguem as pegadas dos princípios do Preâmbulo (uma ordem jurídica que promova o uso pacífico dos mares, uma ordem econômica internacional justa, respeito à soberania, paz, segurança e cooperação).

Em suas Disposições Finais (Parte XVII: arts. 305 a 320) a Convenção trata da assinatura, ratificação, confirmação formal, adesão, entrada em vigor, reservas, declarações, emendas, denúncia e depósito.

Conforme Ken Booth, a Convenção favorece a jurisdição insinuante dos Estados, razão por que interessa aos mais diversos atores internacionais. Encontra-se, pois, aberta à assinatura de todos os Estados (membros ou não da ONU, centrais e periféricos, com ou sem litoral marítimo); de todos os Estados autônomos interessados; dos territórios que gozem de plena autonomia interna; da Namíbia, representada pelo Conselho das Nações Unidas para a Namíbia; e das organizações internacionais (art. 1º do Anexo IX: organizações intergovernamentais constituídas por Estados, com competência em matérias regidas pela Convenção, inclusive, para concluir tratados relativos a essas matérias).

A ratificação compete às entidades acima mencionadas, com exceção das organizações internacionais, a quem cabe confirmação formal. Os instrumentos de ratificação e de confirmação formal serão depositados junto ao Secretário Geral da ONU. Os instrumentos de adesão serão objeto de depósito junto ao Secretário Geral das Nações Unidas. Estipulou-se que a Convenção entraria em vigor 12 meses após à data do depósito do sexagésimo instrumento de ratificação ou de adesão, o que ocorreu no dia 16-11-93 (Guiana). As disposições da Convenção prevalecem sobre as demais normas internacionais sobre a matéria, podendo os Estados Partes, porém, concluir acordos que as modifiquem ou suspendam sua aplicação, desde que não afetem seus princípios fundamentais, proibidas, expressamente, as emendas ao princípio de patrimônio comum da Humanidade.

As normas internacionais, em geral, admitem ou não admitem reservas. No caso, a Convenção da ONU adotou uma forma híbrida, não admitindo reservas, além das por ela expressamente autorizadas no seu texto e contexto.

Ao ratificar ou ao aderir, pode o Estado fazer declarações, por exemplo, para harmonizar sua legislação interna com a Convenção, desde que não excluam ou modifiquem o efeito jurídico das disposições da Convenção. Observa Alexandre Tagore de Albuquerque que, ao assinar a Convenção, o Brasil fez declaração interpretativa formal nos seguintes termos:

1 — a assinatura é *ad referendum* da ratificação da Convenção, conforme os procedimentos constitucionais do país, que incluem a aprovação pelo Congresso Nacional.

2 — o Governo do Brasil entende que o regime aplicado nas áreas marítimas adjacentes às costas do país é compatível com as disposições da Convenção.

3 — o Governo brasileiro entende que as disposições do art. 301 da Convenção (proibição de ameaça ou uso de força contra a integridade territorial ou a independência política dos Estados) se aplicam, em particular, às áreas marítimas sob a soberania ou jurisdição do Estado costeiro.

4 — o Governo brasileiro entende que a Convenção não autoriza outros Estados a realizar, na ZEE, exercícios ou manobras militares, em particular, as que impliquem o uso de armas ou explosivos, sem o consentimento do Estado costeiro.

5 — para o Governo brasileiro, o Estado costeiro tem, na ZEE e na plataforma continental, o direito exclusivo de construir, de autorizar e regulamentar a construção, operação e uso de todos os tipos de instalação e estruturas, sem exceção, qualquer seja sua natureza ou finalidade.

6 — o Governo brasileiro exerce direitos de soberania sobre a plataforma até o limite exterior de sua margem continental, como definido no art. 76 da Convenção (além da distância de 200 milhas marítimas das linhas de base).

Após dez anos da entrada em vigor da Convenção, qualquer Estado Parte pode propor ao Secretário Geral da ONU, emendas, solicitando a convocação de uma conferência para tal fim. O Secretário Geral transmitirá a convocação aos Estados Partes e, se nos 12 meses seguintes, pelo menos metade responder favoravelmente ao pedido, ele convocará a conferência, que chegará a acordo por consenso ou por votação das emendas. As emendas por procedimento simplificado, sem a convocação de conferência e sem relação com as atividades na Área, são as propostas por um Estado Parte ao Secretário Geral da ONU, que transmitirá a comunicação a todos os Estados Partes. Se nos 12 meses seguintes à comunicação houver objeção à emenda, será esta considerada rejeitada. Se não houver objeção, será ela considerada adotada. Emendas relativas exclusivamente a atividades na Área dependem da aprovação do Conselho e da Assembléia, órgãos da Autoridade (Autoridade Internacional dos Fundos Marinhos). As emendas, salvo as relativas a atividades na Área, entram em vigor, para os Estados que as ratifiquem ou a elas adiram, no 30º dia seguinte ao depósito dos instrumentos de ratificação ou de adesão de dois terços dos Estados Partes ou de 60 Estados Partes, se este número for maior. As emendas relativas a atividades na Área entram em vigor um ano após o depósito por três quartos dos Estados Partes dos seus instrumentos de ratificação ou de adesão.

Ocorre denúncia da Convenção, por um Estado Parte, através de notificação ao Secretário Geral da ONU, tendo efeito, em princípio, um ano após à data do recebimento da notificação. O interessado pode indicar as razões da denúncia, mas, sua omissão não elide sua validez. A denúncia não afeta direitos, obrigações ou a situação jurídica do denunciante, decorrentes da aplicação da Convenção, antes desta deixar de vigorar em relação a ele. A denúncia também não afeta o dever dos Estados de cumprir obrigação incorporada na Convenção, a que estejam sujeitos conforme o Direito Internacional, independente dos termos da Convenção.

O depósito da Convenção, seus Anexos e emendas é feito junto ao Secretário Geral da ONU. Este, além de depositário, envia relatórios aos Estados, à Autoridade e às organizações; notifica a Autoridade das ratificações, confirmações formais, adesões, emendas e denúncias; convoca reuniões dos Estados Partes; e dá ciência, aos observadores, daqueles relatórios e notificações. O depósito compreende o original da Convenção, cujos textos, em árabe, chinês, espanhol, francês, inglês e russo, fazem igualmente fé.

Cabe, ainda, ao Secretário Geral, a efetivação de consultas às Partes Contratantes da Convenção sobre temas de interesse geral, o que ocorreu, na prática, através do Acordo sobre a Implementação da Parte XI da Convenção (a Área) — "Boat Paper" — que foi devidamente aprovado pela Assembléia Geral da Entidade, que alterou em diversos pontos — como se será *infra* — o texto original da Convenção, com vistas a atrair grandes potências. Até aquele momento (1994), somente países de menor expressão político-econômica haviam assinado e ratificado a Convenção, o que era objeto de grande preocupação por parte da Organização das Nações Unidas.

Em face do dinamismo inerente ao Direito do Mar, este livro estuda os pontos fundamentais da Convenção ONU/82, alguns aspectos de sua evolução histórica, importantes elementos doutrinários, princípios normativos constantes de outros documentos internacionais e determinadas normas nacionais, sempre presente a noção de soberania. Vale salientar, para o Brasil, que o Decreto nº 1.530, de 22 de junho de 1995, declarou a entrada em vigor da Convenção, a partir do dia 16 de novembro de 1994, com base na ratificação brasileira, de 22 de dezembro de 1988.

2 — Mar Territorial

O problema da extensão do mar territorial (mar jurisdicional ou mar litoral) preocupou os juristas italianos do

Século XIV, quando Saxoferrato sustentou a jurisdição dos Estados costeiros até 100 milhas marítimas. Por essa época, na Europa Setentrional, o critério dominante era o do alcance da vista humana, que variava de 14 a 21 milhas, por depender de condições meteorológicas. No Século XVII, Grotius defendeu o *Mare Liberum*, a que se seguiu a contestação de Selden *(Mare Clausum)*. O século XVIII estabeleceu a regra do alcance do tiro de canhão (Bynkershöek) aproveitada por Galiani para a distância de 3 milhas. Quando a SDN (Sociedade das Nações) estudou o problema, só havia acordo quanto a um limite mínimo de 3 milhas, nada, porém, havia sido acordado quanto a um limite máximo.

A Conferência para a Codificação do Direito Internacional, promovida pela SDN, teve lugar na Haia, em 1930, com a participação de 48 Estados. Um dos temas, objeto de estudos por um Comitê Preparatório, foi o das águas territoriais, que coube a uma das três Comissões criadas pela Conferência. Entre as conclusões adotadas estava a de que o mar territorial integrava o território estatal, exercendo o Estado costeiro, soberania sobre essa faixa, no espaço aéreo sobrejacente e no leito e subsolo subjacentes, permitida a passagem inocente de navios estrangeiros no mar territorial. Não houve, contudo, acordo quanto à extensão, que o Comitê Preparatório pretendia fosse de 3 milhas marítimas.

A partir de 1949, a CDI (Comissão de Direito Internacional), da ONU estudou a matéria, sendo relator especial o jurista holandês François. Em 1952, o Comitê Interamericano de Neutralidade cogitou de uma zona de proteção, controle e aproveitamento econômico de até 200 milhas. No mesmo ano, pela Declaração de Santiago, Chile, Peru e Equador reivindicaram jurisdição e soberania exclusivas até 200 milhas (inclusive leito e subsolo), ressalvado o direito de passagem inocente. Tal atitude grupal resultou de atos isolados anteriores, como as Declarações dos Presidentes do Chile e Peru, de 1947, e da Costa Rica, de 1948. Diversos atos complementaram a Declaração, em 1952, a que se seguiu o Protocolo de Adesão, de 1955, ano em que a Declaração de Antígua incluiu o mar territorial no patrimônio dos países centro-americanos.

Os Princípios do México, de 1956, repudiaram a regra das 3 milhas, acatando a fixação até limites razoáveis, que não definiu, adstritos, porém, a fatores geográficos, geológicos, biológicos, econômicos, de segurança e de defesa. Tais princípios foram reafirmados, em 1957, pelo Terceiro Congresso Hispano-Luso-Americano de Direito Internacional. A Resolução de Ciudad Trujillo, também de 1956, nada acrescentou, em termos de extensão, mas aludiu ao direito exclusivo dos Estados costeiros de explorar os recursos naturais do leito e subsolo de sua plataforma.

A norma genebrina de 1958, admitiu a soberania do Estado costeiro em uma zona de mar adjacente às suas costas, a qual se estendia ao espaço aéreo sobrejacente, bem como, ao leito e subsolo subjacentes.

Conforme a norma genebrina, a linha de base era a linha de baixa-mar, ao longo da costa, das cartas náuticas de grande escala, oficialmente reconhecidas pelo Estado costeiro. Admitia diferentes métodos de traçado de linha de base, conforme a natureza da costa: método do traçado poligonal (linha de base reta, mediante o traçado de retas ideais unindo a linha de base); método das curvas tangentes (por meio de arcos e bolsões); e método das linhas paralelas (à costa).

O limite externo do mar territorial se definia "por uma linha, cada um de cujos pontos se situa a uma distância igual à extensão do mar territorial, do ponto mais próximo da linha de base". O dispositivo, obscuro e confuso, virá, de certa forma, a ser mencionado pela Convenção de Montego Bay.

A ONU, através da CDI, considerou uma extensão máxima de 6 milhas, admitindo, depois, uma extensão máxima de 12 milhas, o que serviu de base para a Conferência Internacional que se reuniu em Genebra, em 1958, conforme Resolução nº 1.105 (XI), da Assembléia Geral da ONU, dela participando 86 Estados.

Divergentes foram as manifestações estatais quanto à extensão, salientando-se duas propostas. A do Canadá, de 6 milhas de mar territorial e 12 milhas para uma zona exclusiva de pesca e a dos EUA, com um mar territorial idêntico, mais uma zona adicional, com direitos de pesca, não delimitada. Na Segunda Conferência, em 1960, os mesmos países insistiram em um mar territorial de 6 milhas e em uma zona exclusiva de pesca também de 6 milhas, mas a medida não se efetivou, por falta da necessária maioria de dois terços.

O Comitê Jurídico Interamericano adotou, em 1965, uma norma regional de 12 milhas, sendo possível, em caso de fixação inferior, uma zona de pesca também de 12 milhas, a partir da mesma linha de base, onde começa o mar territorial. A Declaração de Montevidéu, de 1970, não especificou limites para o mar territorial, embora aluda, num dos *consideranda*, à tese das 200 milhas. A Declaração de Lima, do mesmo ano, voltou a falar em critérios razoáveis para a caracterização dos limites jurisdicionais. Em 1971, ainda em Lima, tratou-se da aplicação de medidas especiais aos países em desenvolvimento, inclusive, o direito dos Estados costeiros de dispor dos recursos do mar dentro de sua jurisdição nacional. No mesmo ano, em Caracas, a Reunião Informal dos Ministros das Relações Exteriores dos 13 Estados do Caribe convocou a Conferência de São Domingos, sobre problemas do mar.

A Conferência de São Domingos analisou o Direito do Mar em um só documento, sob a forma de Declaração. Em sete partes, incluiu os institutos do mar territorial, mar patrimonial, plataforma submarina, alto-mar e fundo do mar internacional, além de elementos sobre poluição marinha e cooperação regional. Em sua primeira parte, estudou o mar territorial, havendo, em seu art. 2º, referência expressa a um limite máximo de 12 milhas, a partir da linha de base aplicável. É a aplicação direta da fórmula indireta de Genebra. É que a norma genebrina, de 1958, não chegou a uma delimitação direta dos limites do mar territorial, mas, seu art. 24,2 aceitou uma zona contígua de até 12 milhas, a partir da mesma linha de base onde começa o mar territorial. Não se trata da zona de pesca anteriormente pretendida pelos EUA e pelo Canadá, pois só cuidou de infrações aduaneiras, fiscais, imigratórias e sanitárias. Foi um modo indireto, sem dúvida, de Genebra delimitar o mar territorial, pois não é admissível uma zona contígua a um mar territorial inexistente. Sua própria denominação técnica — zona do alto-mar contígua ao mar territorial — garante a assertiva.

Pertinente, finalmente, é a menção da Declaração, na sua qualidade de *Soft Law*, no mesmo art. 2º, a uma posterior convenção internacional sobre a delimitação do mar territorial, em escala mundial, pois, além de sua natureza regional, não é ela autêntica norma internacional, i.e., um tratado ou convenção.

A Terceira Conferência da ONU sobre o Direito do Mar celebrou períodos de sessões em Nova York e Caracas (1974), Genebra (1975) e Nova York (1976 e 1977). Do período de sessões de 1976 emanou um texto único de negociações, composto de quatro partes, contendo a segunda parte disposições sobre um mar territorial de 12 milhas, uma zona contígua de até 24 milhas da costa e uma zona econômica exclusiva de até 200 milhas da costa.

O Brasil, durante a vigência do Decreto-Lei nº 44/66, tinha 6 milhas de mar territorial e outras 6 de zona contígua. Com o Decreto-Lei nº 553/69, o mar jurisdicional brasileiro passou a ter 12 milhas, silenciando-se sobre zona contígua. Com o Decreto-Lei nº 1.098, de 25 de março de 1970, tivemos um mar territorial de 200 milhas marítimas de largura. Um ano depois, a 1º de abril de 1971, o Decreto nº 68.459 regulamentou a pesca, tendo em vista o aproveitamento racional e a conservação dos recursos vivos do mar territorial brasileiro.

A questão envolveu aspectos jurídicos, políticos, econômicos e de segurança. A Exposição de Motivos nº 001/70, do então Conselho de Segurança Nacional, enfatizou o aspecto político: "A adoção de uma solução conjunta coincidente com a que *tende* a prevalecer em toda a América Latina é julgada de grande conveniência, pois ensejará a formação de uma frente única latino-americana" (Sen. Vasconcelos Torres). Sintomática é a alusão à *tendência*, na Região, advindo a fundamentação do exemplo do Chile, Peru e Equador, de 1952, seguido por El Salvador, Costa Rica, Panamá, Honduras, Argentina e Uruguai.

O Decreto-Lei nº 1.098 apresentou afirmação unilateral de soberania para o necessário lastro jurídico à nação brasileira contra eventuais incursões estrangeiras. Um de seus *consideranda* falou em "exercício da soberania inerente ao conceito do mar territorial", a qual se estende "ao espaço aéreo acima do mar territorial, bem como ao leito e subsolo deste mar" (art. 2º, *caput*). Tais conceitos são nitidamente genebrinos, muito embora o Brasil não tivesse assinado a Convenção sobre a matéria, a despeito de ter participado de suas negociações. Pelo Decreto-Legislativo nº 45, de 15 de outubro de 1968, o Congresso Nacional autorizou o Presidente da República a aderir a ela (e às demais Convenções sobre o Direito do Mar), hipótese, que, entretanto, não se efetivou.

Outro *considerandum* afirmou "que cada Estado tem competência para fixar seu mar territorial dentro de limites razoáveis". A CDI, em 1956 (art. 3º, 2, do Projeto), considerara que a fixação dependeria de "uma conferência internacional", havendo proclamação da CIJ (Corte Internacional de Justiça) no sentido de que "a delimitação dos espaços marítimos... não pode depender apenas da vontade do Estado ribeirinho" (CIJ, Recueil, 1951, p. 132).

Não existia, contudo, uma exata conceituação daqueles "limites razoáveis". Os Princípios do México, de 1956, sem especificar, apenas se referiram a eles. Antes, em 1953, já fora repudiado um Projeto da Comissão Jurídica Interamericana sobre uma zona de proteção, controle e aproveitamento econômico de 200 milhas, mas a Proclamação Truman, de 1945, visava a medidas de proteção dos recursos marinhos em determinadas zonas. Para Gilda Russomano, a fixação com limites muito latos podia constituir uma interferência do legislador interno e, analisando duas diretrizes de delimitação — uma unilateral e outra condicionada ao Direito Internacional — Vicente Marotta Rangel considerou que a exorbitância podia configurar abuso de direito. Em 1965, a Comissão Jurídica Interamericana cogitou de um limite de 12 milhas. Em Parecer do ano seguinte, observou Haroldo Valladão que, em duas Circulares de 1914, do Ministério das Relações Exteriores, para fins de neutralidade, o Brasil adotara 3 milhas, o que foi mantido pelos Decretos nºs. 24.288/34, 220-A/35 e 5.798/40, embora, para efeito de pesca costeira, esse limite tivesse sido aumentado para 12 milhas. Até então, o Brasil não alterara os limites de seu mar territorial para 6 milhas, o que ocorrerá a 18 de novembro do mesmo ano. No Parecer, o saudoso Mestre defende o alargamento para 6 milhas, mediante a alteração dos arts. 2º do Decreto nº 16.183/23 e 17 do Decreto nº 5.798/40, mantendo a zona de pesca exclusiva de 12 milhas do Decreto nº 794/38. Em outro Parecer do mesmo ano (14.09.1966) apresentou um projeto sobre mar territorial, zona contígua e de pesca, sempre admitindo as mesmas 6 milhas.

Conforme o art. 1º do Decreto-Lei nº 1.098, o mar territorial brasileiro passou, definitivamente, a ser de 200 milhas (374 quilômetros e 400 metros). Como visto antes, há alusão à extensão da soberania ao espaço aéreo sobrejacente, ao leito e subsolo do mar territorial (art. 2º), em termos de segurança, como antes não ocorrera expressamente na legislação nacional sobre a matéria.

O detalhe constou de um dos *consideranda* do Decreto-lei (cada Estado tem competência para fixar seu mar territorial... atendendo... às necessidades de... sua segurança e defesa), do § 2º do art. 3º (todos os navios devem cumprir os regulamentos brasileiros destinados a garantir ... a segurança) e do § 3º do mesmo dispositivo (o governo brasileiro estabelecerá os regulamentos que, por motivos de segurança ...).

A Exposição de Motivos 011 também o fez, *verbis*: "no que diz respeito à segurança, constata-se uma alteração na posição anteriormente defendida pelo Ministério da Marinha". É também aspecto básico do Parecer da Comissão de Relações Exteriores sobre o Projeto do Decreto-Legislativo que aprovou o Decreto-Lei nº 1.098, menção feita à "jurisdição exclusiva de pesca" até 200 milhas de alguns países latino-americanos.

A Comissão de Constituição e Justiça do Congresso Nacional tachou o problema da extensão do mar territorial como um dos mais controvertidos e debatidos do Direito Internacional, aludindo ao fato de que os critérios de maior difusão são 6 milhas, 12 milhas e 3 milhas. Os critérios de emprego restrito são 5 milhas, 9 milhas, mar epicontinental e 200 milhas. A Comissão de Relações Exteriores deteve-se sobre o caráter unilateral do ato de fixação, "que pode ser unilateral na sua origem, mas, de forma alguma, pode perder o seu aspecto de internacionalidade". Clóvis Ramalhete, porém, acatou a validez do ato unilateral brasileiro, em virtude de não ferir direitos de outros Estados, em decorrência da vasta extensão do litoral brasileiro.

A pesca foi outro motivo determinante da ampliação do nosso mar territorial. É o que expressou o Decreto-Lei nº 1.098, em seu art. 4º. Além das zonas reservadas exclusivamente a embarcações brasileiras (§ 1º), existem zonas abertas às embarcações estrangeiras, dependendo de registro e autorização (§ 2º), afora regimes especiais de pesca, pesquisa e exploração (§ 3º) definidos em acordos internacionais, em princípio, na base da reciprocidade. O Decreto nº 68.459 criou duas zonas de pesca no Brasil. A primeira, de 100 milhas, a partir da linha de base (art. 1º, I), onde as atividades pesqueiras eram exercidas apenas por "embarcações nacionais de pesca" (art. 1º, § 1º). A segunda, a partir do término da primeira, até o limite das 200 milhas (art. 1º, II), onde as mesmas atividades podiam ser exercidas "por embarcações de pesca nacionais e estrangeiras" (art. 1º, § 2º). Entretanto, dentro de "circunstâncias especiais", que não conceituou, facultou o § 5º do art. 1º do Decreto o exercício de atividades pesqueiras por embarcações estrangeiras, dentro, também, das primeiras 100 milhas.

Devem ser mencionados mais dois detalhes contidos no Decreto-Lei nº 1.098. Um, é o do reconhecimento do direito de passagem inocente no mar territorial brasileiro (art. 3º, *caput*), que compreende o simples trânsito e as paradas incidentes à navegação (§ 1º), para qualquer tipo de navio de todas as nacionalidades (*caput*), sem prejuízo de regulamentos (§ 3º) sobre navios de guerra e demais navios de outros países. A medida já constara da norma genebrina de 1958. O outro detalhe é o da poluição das águas (art. 3º, § 2º, *in fine*), espécie do gênero poluição ambiental, autêntica doença da civilização.

Eis aí a síntese da normação vigente do mar territorial brasileiro, antes da Convenção de Montego Bay. Repudiadas, a princípio por alguns Estados, as 200 milhas marítimas foram expressamente aceitas pelos EUA, como ocorreu com o Acordo sobre Pesca firmado com o Brasil a 9 de maio de 1972, cuja vigência expirou a 31 de dezembro de 1977.

Hoje, a Lei nº 8.617, de 4 de janeiro de 1993, revogou o Decreto-Lei nº 1.098, de 25 de março de 1970 e demais disposições em contrário, determinando que o mar territorial brasileiro compreende uma faixa de 12 milhas marítimas de largura, estendendo-se a soberania do Brasil ao mar territorial, ao espaço aéreo sobrejacente, bem como, ao seu leito e subsolo. Reconhece a lei, aos navios de todas as nacionalidades, o direito de passagem inocente no mar territorial brasileiro. A passagem será considerada inofensiva, desde que não seja prejudicada à paz, à boa ordem ou à segurança do País. Deverá ser contínua e rápida, mas, poderá compreender, também, o parar e o fundear, nos termos da Convenção da ONU, estando os navios estrangeiros sujeitos, no mar territorial brasileiro, aos regulamentos estabelecidos pelo Brasil.

Limites

A Convenção da Jamaica, em sua Parte II, trata do mar territorial e zona contígua (arts. 20 a 33), fixando a largura do mar territorial em 12 milhas marítimas (até um limite que não ultrapasse 12 milhas marítimas), medidas a partir da linha de base aplicável. A soberania do Estado costeiro estende-se ao espaço aéreo sobrejacente ao mar territorial, ao leito e ao subsolo do mar. O limite exterior define-se por uma linha, em que cada um dos pontos fica a uma distância do ponto mais próximo da linha de base igual à largura do mar territorial.

A Convenção refere-se a dois tipos de linhas de base: linha de base normal (art. 5º) e linha de base reta (art. 7º). A linha de base normal é a da baixa-mar ao longo da costa, indicada nas cartas marítimas de grande escala, oficialmente reconhecidas pelo Estado costeiro. No caso de recifes (art. 6º), a linha de base é a linha de baixa mar do recife situado do lado do mar. A linha de base reta é utilizada nos locais em que a costa apresenta recortes profundos e reentrâncias, ou em que exista uma franja de ilhas ao longo da costa na sua proximidade imediata. No caso de um delta, os pontos serão escolhidos ao longo da linha de baixa mar mais avançada em direção ao mar. Tais linhas não serão traçadas em direção aos baixios que emergem na baixa-mar, nem a partir deles, salvo em caso de construção de faróis permanentemente acima do nível do mar ou de reconhecimento internacional geral.

Águas interiores (art. 8º), internas ou nacionais são as águas marítimas situadas aquém da linha de base. A Convenção da Jamaica, como a de Genebra, não delimitou as águas interiores adjacentes. Seu regime jurídico é normatizado pelos Estados costeiros, que exercem plena soberania sobre elas, a qual se estende ao espaço aéreo sobrejacente, ao leito e ao subsolo. Regra geral, não se aplica a elas o direito de passagem inocente, característico do mar territorial. Quando, porém, o traçado de uma linha de base reta encerrar, como águas interiores, águas anteriormente não consideradas como tais, aplicar-se-á a elas o direito de passagem inocente, para navios de qualquer Estado. As águas das baías serão consideradas águas interiores se a distância entre as linhas de baixa-mar dos pontos naturais de sua entrada não exceder 24 milhas marítimas. Se exceder, será traçada, no interior da baía, uma linha de base reta de 24 milhas marítimas, encerrando a maior superfície de água possível.

A Convenção admite a combinação de métodos para determinar as linhas de base, pelo Estado costeiro, respeitada a soberania estatal (art. 14), mas normativa sobre os seguintes pontos: foz de um rio (se o rio deságua diretamente no mar, a linha de base é uma reta traçada através da foz do rio entre os pontos limites da linha de baixa-mar das suas margens); baías (as baías históricas não estão sujeitas aos parâmetros da Convenção); portos (as instalações portuárias permanentes fazem parte da costa); ancoradouros (fazem parte do mar territorial); baixios a descoberto (a linha de baixa mar do baixio que se encontre, total ou parcialmente, a uma distância do continente ou de uma ilha que não exceda a largura do mar territorial, serve de linha de base para medir a largura do mar territorial); Estados com costas adjacentes ou situadas frente a frente (a delimitação do mar territorial desses Estados não se estenderá além da linha mediana cujos pontos são eqüidistantes dos pontos mais próximos da linha de base, salvo acordo entre as partes).

Passagem Inocente

A Convenção acata (arts. 17 a 26), seguindo as pegadas da norma genebrina, o instituto da passagem inocente (inofensiva) ou trânsito enóxeo, conforme Vicente Marotta Rangel. É a navegação no mar territorial, com o objetivo de atravessá-lo, sem penetrar nas águas interiores, nem fazer escala num ancoradouro ou instalação portuária situada fora das águas interiores ou para elas dirigir-se, delas sair, ou fazer escala num desses ancoradouros ou instalações. A passagem será contínua e rápida, mas, pode compreender o parar e o fundear, se constituírem incidentes comuns de navegação, impostos por motivos de força maior, por dificuldade grave ou para prestar auxílio a pessoas, navios ou aeronaves em perigo ou em grave dificuldade.

Todos os navios, de todos os Estados, gozam do direito de passagem inocente pelo mar territorial, a qual se caracteriza por não contrariar a paz, a boa ordem e a segurança do Estado costeiro. Assim, a passagem não será inofensiva, se atentar contra a soberania do Estado costeiro; na hipótese de exercício ou manobra com armas de qualquer tipo; por ato destinado a obter informações em prejuízo da defesa ou segurança, inclusive, de propaganda, do Estado costeiro; por ato perturbador dos sistemas de comunicação daquele Estado; pelo lançamento, uso ou recebimento a bordo de qualquer aeronave ou de dispositivo militar; por qualquer ato intencional e grave de poluição; por qualquer atividade de pesca; pela realização de atividades de investigação ou de levantamentos hidrográficos, etc. Os submarinos (e outros veículos submersíveis) navegarão à superfície, arvorando sua bandeira.

O Estado costeiro não deve entravar a passagem reconhecidamente inocente, mas pode tomar as medidas necessárias para impedir toda passagem ofensiva, com base em normas internacionais e normas internas, nas seguintes matérias: segurança da navegação; regulamentação do tráfego marítimo; proteção de instalações e de sistemas de auxílio à navegação; proteção de cabos e dutos; conservação dos recursos vivos do mar; pesca; meio ambiente; investigação científica marinha; alfândega, fisco, imigração e saúde, etc.

O Estado costeiro designará rotas marítimas e prescreverá sistemas de separação de tráfego, quando necessário à segurança da navegação, exigindo que navios estrangeiros os utilizem, principalmente, navios de propulsão nuclear e similares, a quando da passagem inocente, lavando em conta as características dos navios e dos canais utilizados para a navegação internacional e a densidade de tráfego.

Finalmente, o Estado costeiro não deve fazer discriminação, de fato ou de direito, contra qualquer tipo de navio. Pode, porém, suspender temporariamente, em certas áreas, o exercício do direito de passagem, para proteger sua segurança. Todavia, não podem ser cobradas taxas, pelo Estado costeiro, a navios estrangeiros, com fundamento na sua passagem pelo mar territorial, a não ser, como remuneração por serviços a eles prestados.

Normas Aplicáveis a Navios Mercantes e a Navios de Estado Utilizados para Fins Comerciais

A jurisdição penal do Estado costeiro não será exercida a bordo de navio estrangeiro, no seu mar territorial, para deter pessoas ou realizar investigações quanto a infração criminal cometida a bordo, durante a passagem, salvo: se a infração trouxer conseqüências para ele; se houver perturbação da paz do país ou da ordem do mar territorial; se a assistência das autoridades locais foi solicitada pelo capitão do navio, pelo agente diplomático (ou funcionário consular) do Estado de bandeira; e se as medidas forem necessárias para a repressão do tráfico ilícito de estupefacientes ou de substâncias psicotrópicas. A repressão desse tráfico ilícito, no alto-mar, será objeto de cooperação entre os Estados (art. 108), mas, não integra o elenco dos motivos que efetivam o direito de visita (art. 110), certamente, por pressão de países de economia cêntrica.

Tais exceções não impedem o Estado costeiro de proceder a apresamento e investigações a bordo de navios estrangeiros, passando pelo seu mar territorial, procedente de águas internas. Deverá, contudo, a pedido do capitão, notificar o agente diplomático (ou o funcionário consular) do Estado de bandeira, antes de tomar tais medidas, com base em seu Direito Interno. Não poderá, porém, deter pessoas ou proceder a investigações quanto a infrações penais cometidas antes do navio ter entrado em seu mar territorial, encontrando-se o navio, procedente de porto estrangeiro, só de passagem pelo mar territorial, sem entrar nas águas interiores, salvo aplicação da Parte XII (proteção do meio marinho) ou de infração às normas da Parte V (ZEE).

No exercício de sua jurisdição civil, o Estado costeiro não deve parar nem desviar de sua rota um navio estrangeiro em seu mar territorial, em relação a uma pessoa a bordo, só podendo tomar contra o navio medidas cautelares ou executórias, em matéria civil, por obrigações assumidas durante a navegação ou devido a esta, em sua passagem por suas águas. O Estado costeiro, porém, poderá tomar tais medidas, se o navio se detiver em seu mar territorial, ou por ele passar procedente de suas águas internas, com base em seu Direito Interno.

Normas Aplicáveis a Navios de Guerra e a Outros Navios de Estado Utilizados para fins não Comerciais

Tais navios, caracterizados por sinais exteriores e pela natureza especial de seu comando e tripulação, terão suas imunidades respeitadas, salvo hipóteses de não-cumprimento das leis e regulamentos do Estado costeiro, durante a passagem por seu mar territorial. Se isto ocorrer, o Estado costeiro pode exigir-lhe que saia imediatamente de seu mar territorial. Caberá, então, ao Estado de bandeira, a responsabilidade internacional por perdas ou danos causados ao Estado costeiro, durante tal passagem.

3 — Zona Contígua

A Primeira Convenção de Genebra falou numa zona contígua de até 12 milhas, contadas da linha de base que serve de ponto de partida para medir o mar territorial (art. 24,2), com destinação específica: alfândega, fisco, saúde e imigração. É que o art. 24, I, permitia o controle do Estado costeiro sobre uma "zona do alto-mar contígua ao mar territorial", com o fim de prevenir ou de reprimir contravenções às suas leis de polícia aduaneira, fiscal, sanitária ou de imigração, cometidas em seu território ou no mar territorial.

Há certa discrepância nas reivindicações estatais, quanto à zona contígua, tanto no que concerne à sua extensão, como no que se refere a seus objetivos. Gâmbia e México, v.g., pretenderam 18 milhas, com a finalidade de prevenir e de punir desrespeitos a quaisquer direitos, o que mais se assemelha ao instituto do mar territorial. Apenas para finalidades alfandegárias, temos, entre outros, Cambodja, com 12 milhas; Ceilão, com 2 milhas; Chile, com 12 km; Dinamarca, com 4 milhas; Itália, com 12, com um mar territorial de 6 milhas; Marrocos, com 20, sendo de 12 milhas o seu mar territorial; Espanha com 12, com um mar territorial de 6 milhas, para fins simultâneos de alfândega e saúde; Síria, com 18, sendo de 12 milhas o mar territorial; EUA, com 12 para alfândega e 6 para saúde; Uruguai, com 18 para alfândega e 6 para saúde; Venezuela, com 15, para ambos os objetivos, num mar territorial de 12 milhas; Cuba, com 12 para alfândega e 5 para saúde.

O Brasil, com o Decreto-Lei nº 44/66, tinha 6 milhas de mar territorial e outras 6 milhas de zona contígua. Com o Decreto-Lei nº 553/69, nosso mar territorial passou a ter 12 milhas, silenciando sobre zona contígua. Com o Decreto-Lei nº 1.098/70 tivemos um mar territorial de 200 milhas, com duas zonas de pesca, cada uma de 100 milhas, sem zona contígua. Hoje, com a Lei nº 8.617/93, temos uma zona contígua de 12 milhas, onde o Brasil poderá tomar medidas de fiscalização, para evitar infrações às leis e aos regulamentos aduaneiros, fiscais, de imigração ou sanitários, no seu território ou no seu mar territorial, bem como, para reprimir infrações a leis e regulamentos, no seu território ou no seu mar territorial. A atual lei brasileira segue as pegadas da Convenção de Montego Bay (art. 33): a zona contígua não pode estender-se além de 24 milhas marítimas, a partir da linha de base que mede a largura do mar territorial, portanto, 12 milhas marítimas e, nela, o Estado costeiro pode tomar as medidas de fiscalização necessárias para:

a — evitar as infrações às leis e regulamentos aduaneiros, fiscais, de imigração ou sanitários no seu território ou no seu mar territorial.

b — reprimir as infrações às leis e regulamentos no seu território ou no seu mar territorial.

Zona contígua não deve ser confundida com zona de segurança, zona fechada ou zona econômica exclusiva.

A zona de segurança (ou faixa marítima continental) emanou da 1ª Reunião de Consulta dos Ministros das Relações Exteriores, realizada em 1939, no Panamá. Criou — com base na noção de zona contígua — uma faixa marítima, adjacente ao mar territorial dos países americanos, de cerca de 300 milhas, com o fim de proteger a neutralidade dos países americanos. Isto ocorreu durante a II Grande Guerra, não devendo a presente noção ser confundida com outra, também denominada zona de segurança, mas vinculada à plataforma submarina.

A Convenção/82 fala em zona de segurança, até uma distância de 500 metros, em volta das instalações de investigação científica.

A zona fechada foi criada por atos unilaterais de alguns Estados fortes, principalmente no Pacífico, com a finalidade de experimentos e explosões nucleares, chegando a 400.000 milhas quadradas, impedindo a navegação e a pesca, e contribuindo para o aumento da poluição das águas do mar, a despeito de normas convencionais proibitivas sobre a matéria, como a Primeira Convenção de Genebra, de 1958, e o Tratado de Moscou, de 1963. A primeira condenou a contaminação dos mares por hidrocarbonetos e por dejetos radioativos e o segundo, proibiu explosões nucleares na atmosfera, no espaço exterior e sob a água.

A zona econômica exclusiva, constante da Convenção de Montego Bay e da Lei nº 8.617/93, é um desdobramento da noção de mar patrimonial, constante da Declaração de São Domingos/92, numa extensão de 200 milhas marítimas, onde o Estado costeiro tem direitos de soberania para fins de exploração e aproveitamento, conservação e utilização dos recursos naturais, vivos ou não, das águas sobrejacentes ao leito do mar, do leito do mar e seu subsolo, conforme análise *infra*. O Embaixador Saraiva Guerreiro refere-se à tese da ZEE como uma irreversível tendência de uma nova ordem jurídica para os oceanos. Para a Prof. Maria Helena Rolim, o tema é disciplinado de modo tripartite, na Convenção: a — vínculo existente entre Estado costeiro e a ZEE, bipolarizado nos direitos de soberania, com conteúdo econômico quanto à exploração dos recursos vivos ou não vivos e jurisdição para determinadas matérias (colocação de ilhas artificiais, investigação científica marinha e proteção do meio marinho); b — direitos e obrigações do Estado costeiro e de terceiros Estados, *vis a vis* à utilização dos recursos vivos da ZEE; c — regimes específicos para espécies altamente migratórias (mamíferos marinhos, anádromos, catádromos e sedentários).

4 — Estreitos

A Convenção da ONU/82 trata do regime jurídico das águas que formam os estreitos utilizados para a navegação internacional. O regime jurídico de passagem pelos estreitos não afeta o regime jurídico das águas que o formam, nem o exercício, pelos Estados costeiros, de sua soberania ou de sua jurisdição sobre as águas, seu espaço aéreo sobrejacente, leito e subsolo. Tal disposição não afeta as águas interiores situadas no estreito, nem o regime jurídico da zona econômica exclusiva ou do alto-mar.

A Convenção dispõe sobre o regime jurídico das águas dos estreitos, da liberdade da navegação e sobrevôo, da passagem em trânsito e da passagem inocente (arts. 34 a 45).

Haverá liberdade de navegação e sobrevôo nas rotas de alto-mar ou rotas que atravessem uma zona econômica exclusiva através dos estreitos.

Haverá passagem inocente nos estreitos excluídos do regime de passagem em trânsito, conforme *infra*, e naqueles situados entre uma parte de alto-mar ou uma zona econômica exclusiva e o mar territorial de outro Estado.

Haverá passagem em trânsito nos estreitos utilizados para a navegação internacional entre uma parte do alto-mar ou uma ZEE e uma outra parte do alto-mar ou uma ZEE. A Convenção define passagem em trânsito como o exercício da liberdade de navegação e sobrevôo exclusivamente para fins de trânsito contínuo e rápido pelo estreito, por todos os navios e aeronaves. O direito de passagem em trânsito não será impedido, a não ser que o estreito seja formado por uma ilha de um Estado ribeirinho do estreito e o seu território continental, existindo, do outro lado da ilha, uma rota de alto-mar ou uma rota que passe por uma ZEE. Ao exercer o direito de passarem em trânsito, os navios e aeronaves devem, *inter alia*, atravessar ou sobrevoar o estrito de forma contínua e rápida, salvo em caso de força maior ou de grave dificuldade; abster-se de ameaça ou uso de força contra a soberania, integridade territorial ou independência dos Estados costeiros do estreito; cumprir normas e práticas internacionais de segurança no mar e no ar, e de prevenção, redução e controle da poluição. Durante a passagem em trânsito, navios estrangeiros não podem efetuar atividades de investigação científica ou de levantamentos hidrográficos, salvo prévia autorização dos Estados costeiros. Podem, estes, estabelecer rotas marítimas e sistemas de separação de tráfego quando a segurança da passagem dos navios o exigir, adotando normas internas relativas à passagem em trânsito quanto à segurança da navegação; à poluição, inclusive, por meio de medidas de execução (art. 233); e à proibição de pesca.

Isto não significa ausência de problemas internacionais no tocante à navegação nos estreitos, por motivos de segurança, no atual mundo globalizado, em que o terrorismo é uma incômoda realidade. É assim que ocorreu (e ainda não foi jurídica e/ou judicialmente solucionado) o recente impasse (2008) no Estreito de Ormuz, entre navios dos Estados Unidos da América e lanchas iranianas. O problema adquire maior preocupação, em face da rivalidade entre Irã e EUA, inclusive, no campo nuclear.

Ao contrário dos estreitos, que são vias naturais de comunicação entre dois mares, os canais são vias artificiais de comunicação entre dois mares, podendo se encontrar no território de apenas um Estado ou entre os territórios de dois ou mais Estados, com o fim de facilitar a navegação. Regra geral, submeteu-se à soberania do Estado ou dos Estados que atravessam, mas, na prática, os mais importantes estão subordinados a regimes internacionais, isto é, a servidões de passagem. É o que ocorre com os Canais de Kiel, Suez e Panamá. O Canal de Kiel, construído pela Alemanha, foi internacionalizado pelo Tratado de Versalhes. Encontra-se entre o Mar Báltico e o Mar do Norte, aberto à navegação de todos os navios, de todos os Estados. O Canal de Suez liga o Mar Mediterrâneo ao Mar Vermelho, advindo seu regime jurídico da Convenção de Constantinopla, de 1888 e aberto à navegação de todos os navios de todos os Estados. O Canal de Panamá teve sua construção prevista no Tratado Hay-Pauncefot, de 1901, entre EUA e Reino Unido, também aberto à navegação de todos os navios de todos os Estados. Pelo Tratado Hay-Bunau Varilla, de 1903, o Panamá concedeu aos EUA, a título perpétuo, o uso, ocupação e controle da Zona do Canal, para a manutenção, exploração e defesa do Canal. Em 1977, foram assinados dois tratados entre Panamá e EUA, onde este cederia àquele, gradualmente, o controle do Canal e da Zona do Canal, garantindo os EUA ao Panamá, a título perpétuo, proteção a toda a área.

A Convenção/82 fala incidentalmente dos canais, ao dispor sobre rotas marítimas e sistemas de separação de tráfego no mar territorial. Ao designar tais rotas e ao prescrever tais sistemas, o Estado costeiro terá em conta quaisquer canais que se utilizem habitualmente para a navegação internacional e as características especiais de determinados navios e canais (art. 22, 3, *b* e *c*).

5 — Estados Arquipélagos

A Convenção da Jamaica trata dos Estados Arquipélagos em sua Parte IV (arts. 46 a 54). Normatiza sobre o regime jurídico das águas arquipelágicas, com base na soberania dos Estados Arquipélagos, salientando o direito de passagem inocente pelas águas arquipelágicas e o direito de passagem em trânsito pelas rotas marítimas arquipelágicas.

Estado arquipélago é o formado integralmente por um ou vários arquipélagos, além de outras ilhas, compreendendo os arquipélagos, ilhas, águas circunjacentes e elementos naturais, formando um todo geográfico, econômico e político ou assim historicamente considerados.

As linhas de base arquipelágicas adotam o sistema de linhas retas, aplicável desde a norma genebrina, observando: a união dos pontos extremos das ilhas mais exteriores e dos recifes emergentes do arquipélago; um comprimento de até 100 milhas marítimas, admitindo-se, porém, que até 3% do total das linhas de base atinjam 125 milhas marítimas; a não inclusão de baixios descobertos, salvo construção de faróis ou instalações análogas acima do nível do mar; e que tal sistema não pode ser aplicado por um Estado arquipélago, de modo a separar do alto-mar ou de uma ZEE o mar territorial de outro Estado.

A medição da largura do mar territorial, da zona contígua, da zona econômica exclusiva e da plataforma continental é feita a partir das linhas de base arquipelágicas.

A soberania do Estado Arquipélago se exerce nessas porções equóreas e seus recursos, estendendo-se ao espaço aéreo e ao seu leito e subsolo. A delimitação das águas interiores é feita pelo Estado Arquipélago dentro de suas águas arquipelágicas. Os direitos de pesca dos países vizinhos serão respeitados pelos Estados Arquipélagos, bem como os cabos submarinos colocados por terceiros países em suas águas.

Todos os navios de todos os Estados gozam do direito de passagem inocente pelas águas arquipelágicas, da mesma forma normatizada para o mar territorial. O Estado Arquipélago poderá, contudo, suspender temporariamente, e em certas áreas, tal passagem, para garantir sua segurança.

Todos os navios e aeronaves gozam do direito de passagem em trânsito (contínua e rápida) pelas rotas marítimas arquipelágicas (rotas marítimas e aéreas designadas pelo Estado Arquipélago). Este, além de designar rotas marítimas, tem o direito de substituí-las. Pode, também, estabelecer sistemas de separação de tráfego, para a passagem segura de navios, os quais poderão, igualmente, ser substituídos. O Estado Arquipélago indicará claramente os eixos das rotas e os sistemas de separação de tráfego.

Quanto ao estabelecimento dessas rotas marítimas e desses sistemas de separação de tráfego, temos que o Estado Arquipélago deve:

— dar a competente publicidade de tais medidas, em termos de estabelecimento e de substituição;

— ajustar tais medidas (de estabelecimento e de substituição) à regulamentação internacional sobre a matéria;

— submeter propostas à organização internacional competente para a sua adoção.

Aplicam-se, *mutatis mutandis*, à passagem pelas rotas marítimas arquipelágicas, os mesmos dispositivos da Convenção/82, para os estreitos utilizados para a navegação internacional, quanto a deveres de navios ou aeronaves durante a passagem, a atividades de investigação, a deveres do Estado Arquipélago e às normas relativas à passagem pelas referidas rotas.

6 — Zona Econômica Exclusiva

A noção de zona econômica exclusiva surgiu em 1972, com o nome de mar patrimonial, na Declaração de São Domingos, que reconheceu direitos soberanos ao Estado costeiro, numa faixa posterior ao seu mar territorial. Não se tratava do real exercício de soberania, mas, de uma soberania funcional (econômica) sobre os recursos renováveis ou não das águas, do leito e do subsolo dessa faixa equórea delimitada em 200 milhas.

O interesse estatal, desta forma, foi analisado sob um ângulo econômico, a que se ligaram elementos de conservação e de proteção. A noção transcendeu o conceito clássico de mar territorial e de alto-mar, participando, o mar patrimonial, de certa forma, de algumas características de ambos os institutos. A prova está no exercício daqueles direitos econômicos, de um lado, e, de outro, na admissão de três das grandes liberdades do mar: de navegação, de sobrevôo e de colocação de cabos submarinos e oleodutos. O assunto foi normatizado no art. 5º da Declaração, que excluiu quaisquer restrições além daquelas resultantes do exercício, pelo Estado costeiro, de seus direitos. Essa preocupação com a pesca já levara à noção de um mar epicontinental, pela qual o mar territorial deveria coincidir com a plataforma submarina, pois essa é a região mais favorável à pesca. A Argentina defende essa tese, pois sua plataforma é muito extensa, o que já não ocorre com o Chile. Sintomático é o silêncio da Declaração, aqui, quanto à passagem inocente, pois este instituto é característico do mar territorial. Daí a menção expressa ao direito de liberdade de navegação, por quaisquer navios de todos os Estados.

Logicamente, a extensão de 200 milhas, mencionada no art. 3º, não teve validez universal, até mesmo por motivos de ordem geográfica, como observou o Prof. Vargas Carreño, quem, pela primeira vez, empregou a expressão mar patrimonial. Por isso, alguns países do Caribe, na Conferência de Caracas sobre o Direito do Mar, cogitaram, também, de um mar matrimonial — uma propriedade indivisa dos Estados costeiros — adotado nas hipóteses em que a divisão do mar fosse dificultada por ilhas. Note-se que a Declaração é regional, compreendendo países do Caribe, sendo partes signatárias, a Colômbia, Costa Rica, Guatemala, Haiti, Honduras, México, Nicarágua, República Dominicana, Trinidad y Tobago e Venezuela. Não foi assinada por Barbados, El Salvador, Guiana, Jamaica e Panamá. Prova cabal de que não deu a última palavra sobre o assunto está em que sugeriu, ainda em seu art. 3°, uma convenção, de preferência, de âmbito mundial, com essa finalidade.

Como conseqüência do exercício de direitos de soberania, temos o dever do Estado costeiro de promover e o direito de regular a realização de pesquisas científicas na área, e o direito de adotar medidas necessárias para prevenir a poluição marinha (art. 2°). Volta a Declaração a se referir à poluição, em suas partes sexta e sétima. Na sexta, quando reconheceu ser dever de todos os Estados se absterem de atos que possam poluir o mar e o leito do mar, tanto dentro, como fora, de suas respectivas jurisdições (art. 1°). A disposição é genérica, pois aludiu a todos os Estados, em áreas sujeitas ou não a sua soberania, sendo complementada pelo art. 2°, que reconheceu e responsabilidade internacional de pessoas físicas ou jurídicas, nesse setor, com base em acordo, de preferência, de âmbito mundial. Na parte sétima (arts. 1° e 2°) cogitou de uma política comum do Caribe quanto à poluição, pesquisas científicas, conservação, exploração, controle e prospecção dos recursos do mar. É a cooperação regional, por meio de reuniões periódicas, anuais, se possível. Esta disposição foi de alcance amplo, pois reuniu diversos detalhes, dois dos quais — recursos do mar e pesquisas científicas — inerentes ao mar patrimonial, presente, uma vez mais, a preocupação com a contaminação. Como estes três elementos integram o art.

2º da parte segunda da Declaração, merecem uma análise mais detida.

Comecemos pelas pesquisas científicas. Trata-se do direito e dever do Estado costeiro, muito embora ele só exerça alguns direitos soberanos, e não a própria soberania, como ocorre com o mar territorial. Daí ser o mar patrimonial também chamado de mar territorial *sui generis* ou de mar complementar. A respeito, a Reunião Latino-Americana sobre Aspectos do Direito do Mar (Lima, 1970) aprovou uma Resolução sobre Aspectos Jurídicos da Investigação Científica no Oceano, onde foram reafirmados certos princípios. Por exemplo, o de que toda investigação científica que se realize dentro da jurisdição marítima de um Estado está sujeita à sua prévia autorização e deve ficar adstrita às condições fixadas pela referida autorização. O Estado costeiro terá o direito de participar dessa investigação e de se beneficiar dos dados dela resultantes, sendo que os resultados obtidos serão de propriedade daquele Estado e só poderão ser apropriados pelo responsável pela investigação, se esse Estado expressamente o consentir. É o elemento segurança, que sofreu uma transposição do mar territorial, para o mar patrimonial.

A Convenção da Jamaica cogitou de uma zona econômica exclusiva para o Estado costeiro (arts. 55 a 75), a qual não se estenderá além de 200 milhas marítimas das linhas de base, a partir das quais se mede a extensão do mar territorial (na realidade, pois, 188 milhas marítimas).

Na ZEE, o Estado costeiro tem direitos de soberania (direitos soberanos) para fins de exploração, aproveitamento, conservação e gestão dos recursos naturais, vivos ou não, das águas sobrejacentes ao leito do mar, do leito do mar e seu subsolo, inclusive, para produção de energia a partir da água, das correntes e dos ventos. Trata-se do exercício de direitos de soberania sobre recursos naturais, mas, não, de soberania sobre a porção equórea, como ocorre com o mar territorial. Além disso, o Estado costeiro exerce jurisdição no que se refere à colocação e utilização de ilhas artificiais, instalações e estruturas em torno das quais criará zonas de segurança até uma distância de 500 metros; à investigação científica marinha; e à proteção do meio marinho.

Os outros Estados, costeiros ou não, gozam, na ZEE, das liberdades de navegação, sobrevôo e de colocação de cabos e dutos submarinos (que integram as liberdades do alto-mar). Qualquer conflito relativo à atribuição de direitos e jurisdição, nessa zona, deverá ser solucionado com base na eqüidade — constante do Estatuto da Corte Internacional de Justiça da ONU — com base nos interesses das partes em litígio e da comunidade internacional.

Quanto à conservação e utilização dos recursos vivos na ZEE, o Estado costeiro, respectivamente, fixará as capturas permissíveis e promoverá sua utilização ótima. O Estado costeiro fixará as capturas permissíveis dos recursos vivos de sua zona econômica exclusiva, evitando o excesso de captura, para fins de preservação e conservação, inclusive, através de cooperação com organizações sub-regionais, regionais ou mundiais. Determinará, igualmente, sua capacidade de captura e quando não puder efetuar a totalidade da captura permissível, deverá dar a outros Estados acesso ao excedente dessa captura, respeitados suas leis e regulamentos, que podem referir-se, *inter alia*, às seguintes questões: concessão de licenças a pescadores, embarcações e equipamento de pesca; determinação das espécies que podem ser capturadas; fixação das quotas de captura; regulamentação das épocas e zonas de pesca; regulamentação das embarcações de pesca; fixação da idade e tamanho dos peixes que podem ser capturados; indicação das informações que devem ser fornecidas pelas embarcações de pesca; execução de programas de investigação no âmbito da pesca; requisitos em matéria de formação de pessoal e de transferência de tecnologia de pesca; e medidas de execução, descendo a Convenção a minúcias quan- to a espécies migratórias, mamíferos marinhos, populações de peixes anádromos e espécies catádromas. O Brasil, como será visto posteriormente, trata dessas questões no Programa REVIZEE.

Os Estados sem litoral e os Estados geograficamente desfavorecidos terão o direito de participar, numa base eqüitativa, no aproveitamento de uma parte dos excedentes dos recursos vivos dessas zonas, a não ser que a economia do Estado costeiro dependa preponderantemente do aproveitamento dos mesmos. Em ambos os casos, as condições de par- ticipação constarão de acordos bilaterais, sub-regionais ou regionais, levando em conta: a necessidade de evitar efeitos prejudiciais às comunidades de pescadores ou às indústrias do Estado costeiro; a medida em que tais Estados participam no aproveitamento dos recursos vivos da ZEE dos Estados costeiros, nos termos daqueles acordos; na medida em que outros Estados, com as mesmas características, participam no aproveitamento daqueles recursos, para evitar uma carga excessiva para o Estado costeiro; e, finalmente, as necessidades nutricionais das populações dos respectivos Estados.

A delimitação da ZEE entre Estados com costas adjacentes ou situadas frente a frente deverá ser efetivada através de acordo entre os Estados interessados. Estes, se não chegarem a acordo, poderão recorrer aos procedimentos da Parte XV da Convenção (Tribunal Internacional do Direito do Mar, Tribunais Arbitrais, Tribunais Arbitrais Especiais e Corte Internacional da Justiça). Ajustes provisórios também são sugeridos pela Convenção. As linhas de delimitação devem ser indicadas, pelos Estados, em cartas de escala ou em listas de coordenadas geográficas, a que os Estados interessados darão a devida publicidade, inclusive, por meio de depósito junto ao Secretariado da ONU.

No Brasil, a Lei n° 8.617/93 também alude à extensão de 200 milhas marítimas para a zona econômica exclusiva, para fins idênticos (direitos de soberania) previstos na Convenção (arts. 6º e 7º). E admite investigação científica marinha também por outros Estados, com base no consentimento prévio do governo brasileiro, o mesmo ocorrendo quanto a exercícios ou manobras militares (arts. 8º e 9º).

O Comitê brasileiro do PNUMA (Programa das Nações Unidas para o Meio Ambiente) considerou a Convenção um grande desafio para o Brasil, pois deverá este fazer um inventário, por espécies, dos recursos vivos de sua zona econômica exclusiva, sob pena de não exercer soberania econômica sobre ela, não estando o País científica e tecnologicamente preparado para tal fim. Como a Convenção fala em cessão de quotas, um Estado pode questionar a forma com que outro Estado administra sua zona econômica exclusiva e pressionar para ter acesso a ela, usufruindo de seus recursos. O Brasil analisa o impasse através do CEPNOR (Centro de Pesquisa e Extensão Pesqueira do Norte do Brasil) de dezembro/93, criado pelo IBAMA, que instituiu, também, uma Comissão Interministerial, para coordenar os trabalhos. E a própria lei nacional, como vimos, permite — ainda que excepcionalmente — a presença de outros Estados no que se refere à investigação científica e manobras militares. Tais detalhes econômicos, políticos e estratégicos poderão trazer conseqüências negativas ao Brasil.

7 — Plataforma Continental

A expressão plataforma continental (vinculada aos continentes), ao lado da expressão plataforma insular (vinculada às ilhas) são espécies da expressão genérica plataforma submarina, no sentido geográfico (ou interno) e no sentido jurídico (ou externo), no primeiro caso, antes da linha de respeito, isto é, sob o mar territorial e no segundo, depois da linha de respeito, isto é, após o mar territorial. Por isso, este livro utiliza a expressão específica (plataforma continental) e a expressão genérica (plataforma submarina).

A idéia de apropriação da plataforma, pelo Estado costeiro, constou das Proclamações do Presidente Truman, de 1945. Incidiam tais proclamações sobre zonas de conservação de pescarias e recursos naturais da plataforma, com base no progresso científico, proximidade geográfica e fiscalização, pelo Estado costeiro, das atividades exercidas diante de suas costas. Segundo elas, os recursos naturais do leito e subsolo pertenciam à jurisdição e controle do Estado costeiro, permanecendo as águas sobrejacentes sob o regime do alto-mar, sem qualquer possibilidade de apropriação.

Tal critério foi adotado pela Convenção sobre Plataforma Continental, de Genebra, em 1958, que cogitava da plataforma até uma profundidade de 200 metros (100 braças ou 600 pés) ou além desse limite, até o ponto em que a profundidade das águas sobrejacentes permitisse o aproveitamento dos recursos naturais da região. O mesmo raciocínio era aplicado às ilhas. A plataforma só começava, juridicamente, depois do mar territorial, pois, em decorrência deste instituto, o leito e o subsolo do mar já se encontravam sujeitos à soberania do Estado costeiro. Por isso, fala-se em plataforma submarina geográfica e jurídica. A finalidade da norma era a de conceder ao Estado costeiro direitos soberanos sobre a plataforma, para fins de exploração e de aproveitamento de seus recursos naturais, aí incluídas as riquezas vegetais e animais do leito e as riquezas minerais do subsolo. Tais direitos eram exclusivos do Estado costeiro. A Declaração de São Domingos/72 manteve os mesmos princípios, inclusive, quanto à profundidade de 200 metros.

O problema, em seu conjunto preocupou a ONU, que criou um Comitê Sobre Fundos Marinhos e Oceânicos para estudá-lo. É que as Proclamações Truman só mencionavam soberania no leito propriamente dito. A Argentina, Chile, Peru e México cogitaram de soberania, tanto no leito, como nas águas, dentro de um só instrumento normativo. Outros países se manifestaram de maneira idêntica, mas, em instrumentos separados. A Convenção de Genebra, de 1958, adotou uma forma híbrida (200 metros de profundidade ou mais), para atender a tendências estatais divergentes.

Realmente, durante os trabalhos da CDI, em 1950, dois foram os critérios apresentados: o geológico (maior profundidade) e o da prospecção (menor profundidade). Em 1951, outros dois critérios: 200 metros e 20 milhas, i.e., profundidade e extensão. Em 1953, somente o critério da profundidade, ano em que o Comitê Internacional para a Nomenclatura das Características dos Fundos Oceânicos definiu a plataforma como a parte submersa, situada junto ao continente, que terminava no ponto onde começava o declive. A seguir, vinha o talude (o próprio declive), situado entre o ponto extremo da plataforma e a emersão, imediatamente antes das grandes profundidades. O terraço continental era o somatório da plataforma e do talude. De acordo com a Declaração, como vimos, o limite máximo da plataforma seria o dos limites exteriores da emersão, ou, por outras palavras, a área compreenderia o terraço continental (que tanto engloba a plataforma, como o talude) e a própria emersão continental.

Observa Francisco Orrego Vicuña que, a partir, da norma genebrina, preponderou, uniformemente, o critério extensivo (ao invés do critério da profundidade), para a delimitação dos limites da plataforma, qualquer fosse a distância e profundidade, não impedindo, os cortes, o exercício da jurisdição dos Estados costeiros. Neste particular, note-se que os EUA reivindicaram bancos submersos, independentemente da distância da costa e da profundidade. Os fundos oceânicos internacionais, desta forma, passaram a ser utilizados como plataformas em potencial. Tudo isso, somado aos interesses econômicos dos Estados, levou a Delegação de Malta na ONU, através do Embaixador Arvid Pardo, em 1967, a solicitar o aproveitamento, para fins pacíficos, do fundo do mar e dos oceanos, fora da jurisdição dos Estados, e o emprego de seus recursos naturais, em benefício de todos. É a noção de patrimônio comum da Humanidade. Daí a criação, pela Assembléia Geral, mediante a Resolução nº 2.340 (XXII), de um Comitê Especial para a análise do impasse. A noção de patrimônio comum da Humanidade, obviamente, submeterá a área fora das jurisdições estatais a um regime internacional.

Daí ter a Declaração se referido, expressamente, à necessidade do estabelecimento dos limites exteriores precisos da plataforma. É que o princípio dos 200 metros passou a ser aceito apenas como um mínimo, válido tanto no Direito Convencional, como no Direito Consuetudinário (no qual aquele se abeberou), o que lhe dá uma conotação de *Jus Cogens*. Quanto ao limite máximo, a contribuição da Declaração, foi a de que o mesmo coincidiria com os limites externos da emersão, ou seja, depois do terraço continental, que engloba a plataforma e o talude.

O Brasil, pelo Decreto n° 28.840, de 8 de novembro de 1950, declarou integrada ao território nacional a plataforma submarina, visando à exploração e aproveitamento das riquezas naturais ali encontradas — tanto na parte continental, como na parte insular (art. 1°) — conforme autorização ou concessão federal. O Decreto n° 62.837, de 6 de junho de 1968, dispôs sobre licença e fiscalização de exploração ou de pesquisa na plataforma (e também mar territorial e águas internas), repetindo a regra genebrina de uma profundidade de 200 metros ou além desse limite (art. 3°, a). Este Decreto foi revogado pelo Decreto n° 63.164, de 26 de agosto de 1968, sobre o mesmo assunto, que silenciou, porém, sobre a questão da profundidade.

Antes disso, em 1963, o Brasil tivera um problema diplomático com a França, conhecido como "Guerra das Lagostas". Em síntese, a França alegou que a lagosta nadava e, portanto, vivendo em águas do alto-mar, poderia ser pescada por qualquer Estado. O Brasil, ao contrário, sustentou a tese de que a lagosta se arrastava, na plataforma, sendo, em conseqüência, sua pesca, proibida a terceiros Estados. O contato da lagosta com o leito do mar (plataforma submarina, no significado jurídico da expressão), segundo a posição de nosso País, afastava qualquer possibilidade de ela ser encontrada nas águas sobrejacentes (alto-mar ou mar livre), tanto que sua pesca era efetivada por meio de covas e arrastão. Além do mais, a Convenção de Genebra sobre a matéria ainda não estava em vigor, o que só ocorreu em 10 de junho de 1964, mas, não para o Brasil, que nunca a ratificou.

A Convenção da ONU/82 dispõe sobre a plataforma continental em seus arts. 76 a 85. A plataforma de um

Estado costeiro compreende o leito e o subsolo das águas submarinas além do seu mar territorial até ao bordo exterior da margem continental ou uma distância de 200 milhas marítimas das linhas de base, de que se mede a largura do mar territorial (art. 76, 1). A Convenção, porém, admite uma extensão maior (art. 76, 5): uma distância que não exceda 350 milhas marítimas das mesmas linhas de base ou uma distância que não exceda 100 milhas marítimas da isóbata de 2 500 metros, que é uma linha que une profundidades de 2 500 metros (mais de 350 milhas marítimas). Esta última hipótese exclui cristas submarinas, mas inclui planaltos, elevações continentais, topes, bancos e esporões (art. 76, 6).

Adotou, pois, a Convenção, o critério de milhas (e não de metros) e de extensão (e não de profundidade), exercendo o Estado costeiro direitos de soberania sobre a plataforma, para fins de exploração e aproveitamento de seus recursos naturais. Compreendem, estes, os recursos minerais e outros recursos não vivos do leito do mar e subsolo, bem como, os organismos vivos pertencentes a espécies sedentárias, que, no período de captura, estão imóveis no leito ou subsolo ou só podem mover-se em constante contacto físico com esse leito ou subsolo. Os direitos de soberania são exclusivos e ninguém pode empreender atividades sem o consentimento expresso do Estado costeiro. Os direitos do Estado costeiro sobre a plataforma independem de sua ocupação ou declaração e não afetam o regime jurídico das águas sobrejacentes ou do espaço aéreo acima dessas águas, nem a navegação e outras liberdades dos demais Estados.

Todos os Estados têm o direito de colocar cabos e dutos submarinos na plataforma, não podendo o Estado costeiro dificultar ou impedir tal fato, salvo a efetivação de medidas razoáveis para a exploração da plataforma, aproveitamento de seus recursos naturais e prevenção, redução e controle da poluição. O Estado costeiro pode estabelecer condições para a colocação dos cabos e dutos e o funcionamento de ilhas artificiais, instalações e estruturas sob sua jurisdição, inclusive, quanto à criação de zonas de segurança em sua volta, até uma distância de 500 metros. Tem, também, aquele Estado, o direito exclusivo de autorizar e regulamentar perfurações na sua plataforma, quaisquer que sejam seus fins. Cabe ao Estado costeiro efetuar pagamentos e contribuições em espécie relativos ao aproveitamento da plataforma além de 200 milhas marítimas. Tais pagamentos serão anuais, conforme estipulado na Convenção (art. 82), por intermédio da Autoridade Internacional dos Fundos Marinhos. Finalmente, tem o Estado costeiro o direito de aproveitar o subsolo da plataforma por meio de escavação de túneis, independente da profundidade das águas no local considerado.

A delimitação da plataforma continental entre Estados com costas adjacentes ou situadas frente a frente é idêntica à da zona econômica exclusiva: acordos definitivos, ajustes provisórios ou os procedimentos da Parte XV da Convenção (Tribunal Internacional do Direito do Mar, Tribunais Arbitrais e CIJ). As linhas de delimitação serão indicadas em cartas de escala ou em listas de coordenadas geográficas, a que os Estados darão publicidade, inclusive, através de depósito junto ao Secretariado das Nações Unidas.

O Anexo II da Convenção (Comissão de Limites da Plataforma Continental) concede um prazo de até dez anos, após sua entrada em vigor, para a delimitação da plataforma continental jurídica dos Estados Partes, depois do que a extensão máxima será de 200 milhas marítimas. A Comissão de Limites da Plataforma Continental compõe-se de 21 membros, peritos em geologia, geofísica ou hidrografia, eleitos pelos Estados-Partes da Convenção entre seus nacionais, com base numa representação geográfica eqüitativa, podendo funcionar por meio de subcomissões. As funções da Comissão são as seguintes: examinar todos os elementos de informações apresentados pelos Estados costeiros sobre limites exteriores da plataforma além de 200 milhas; formular recomendações sobre esses limites, os quais serão definitivos e obrigatórios; e prestar assessoria científica e técnica solicitada pelo Estado costeiro. Se este discordar das recomendações da Comissão, a ela apresentará uma proposta revista ou uma nova proposta, dentro de prazo razoável, não especificado, nem pelo Anexo II, nem pela Convenção. Poderá haver cooperação entre a Comissão e organizações internacionais, vg., Comissão Oceanográfica Intergovernamental da UNESCO e Organização Hidrográfica Internacional para troca de informações científicas e técnicas. O trabalho da Comissão, quanto ao método excepcional para a delimitação da plataforma, foi ratificado pela Ata Final da III Conferência da ONU sobre o Direito do Mar, através de uma Declaração-Entendimento (Anexo II).

O Brasil, como Estado-Parte da Convenção/82, trabalha na delimitação de sua plataforma continental jurídica, através do LEPLAC (Plano de Levantamento da Plataforma Continental Brasileira).

Para tornar os limites marítimos do país compatíveis com a nova norma internacional, o Brasil promulgou a Lei nº 8.617, de 4 janeiro de 1993, que, no que concerne à plataforma continental (arts. 11 a 14), dispõe o seguinte:

— a plataforma continental do Brasil compreende o leito e o subsolo das áreas submarinas, além do seu mar territorial, até o bordo exterior da margem continental, até

200 milhas marítimas da linha de base ou além das 200 milhas, nos termos da Convenção da ONU sobre a matéria;

— o Brasil exerce direitos de soberania sobre a plataforma, para efeito de exploração e aproveitamento dos seus recursos naturais;

— o Brasil, na plataforma, tem o direito exclusivo de regulamentar a investigação científica marinha, a proteção do meio marinho e a construção, operação e uso de ilhas artificiais, instalações e estruturas. Tem também o direito exclusivo de autorizar e regulamentar perfurações na plataforma, para qualquer fim. Outros Estados poderão, porém, conduzir a investigação científica marinha na plataforma, com o consentimento prévio do governo brasileiro.

— é reconhecido a todos os Estados o direito de colocar cabos e dutos na plataforma continental brasileira, dependente do consentimento do governo brasileiro, que estabelecerá condições para a competente colocação.

A Convenção da ONU e a Lei nº 8.617/93 falam em exercício de direitos de soberania sobre a plataforma continental, para efeito de exploração e aproveitamento de seus recursos naturais. O mesmo ocorre na zona econômica exclusiva. No mar territorial, entretanto, há pleno exercício de soberania, de acordo com a atual Constituição Federal, que considera bens da União o mar territorial (art. 20, VI) e os recursos naturais da plataforma continental e da zona econômica exclusiva (art. 20, V).

8 — Alto-Mar

A natureza jurídica do alto-mar é oposta à do mar territorial. Neste, há exercício de soberania por parte do Estado costeiro, inexistindo, naquele, a noção de domínio. Como, entretanto, o alto-mar encontra-se sujeito a determinadas regulamentações jurídicas, não se pode afirmar seja ele uma *res nullius*, como os teóricos do séc. XVII haviam pretendido. Na realidade, é o alto-mar, juridicamente, uma *res communis*, pois envolve os interesses da sociedade internacional em sua plenitude, o que exclui o *jus utendi, fruendi e abutendi*. Desta forma, não será ele objeto de apropriação nacional, por proclamação de soberania, uso, ocupação, ou qualquer outro meio, mesmo porque, nele, como observa Celso de Albuquerque Mello, os Estados só exercem jurisdição nos navios seus nacionais.

A Convenção de Genebra, de 1958, definiu o alto-mar por exclusão, nele compreendendo todas as partes do mar que não pertençam ao mar territorial ou águas internas de um Estado. Daí decorre a própria caracterização da liberdade dos mares, de acordo com o Direito Internacional, impedidos todos os Estados de submeter, legitimamente, qualquer parte dele a sua soberania, conforme rezava o art. 2º da Convenção.

Este mesmo dispositivo enumerou as principais liberdades do alto-mar: liberdade de navegação, liberdade de pesca, liberdade de colocação de cabos e oleodutos submarinos e liberdade de sobrevôo. A enumeração é exemplificativa, pois a Convenção fala em outras liberdades reconhecidas pelos princípios gerais do Direito Internacional. Observa-se, também, que elas serão exercidas por todos os Estados, costeiros ou mediterrâneos, como expressamente o mencionou aquele dispositivo legal.

É a plena efetivação, no séc. XX, da teoria de Grotius, enunciada em princípios do séc. XVII. Defendia o grande jurista holandês a liberdade dos mares, visando, com isso, à defesa dos interesses econômicos de seu país, no Mar do Norte. Sua teoria do *mare liberum* foi contestada por Selden, por meio da teoria do *mare clausum*, segundo a qual inexistia a liberdade dos mares. Selden, também, agiu em termos de defesa dos interesses de seu país, tanto que afirmou pertencerem à Inglaterra todos os mares. O costume internacional, contudo, consagrou o princípio da liberdade dos mares, a partir do século seguinte.

Entre as principais liberdades do alto-mar merece destaque a liberdade de navegação. A Convenção de Genebra não distinguiu entre Estados costeiros e Estados mediterrâneos, que têm o direito de fazer navegar no alto-mar navios com sua bandeira.

Outra importante liberdade do alto-mar é a de pesca, de origem consuetudinária, dentro do pressuposto — hoje comprovadamente falso — da inesgotabilidade dos recursos vivos do mar.

Existe, a respeito, outra Convenção de Genebra, também de 1958, que parte do princípio de que o desenvolvimento da técnica moderna, em termos de aproveitamento dos recursos do mar, expõe alguns deles ao risco de utilização excessiva. Assim, embora admitindo a liberdade de pesca em alto-mar para todos os Estados — inclusive os sem litoral — criou disposições protetoras dos interesses dos Estados costeiros e diversas medidas para a conservação dos recursos vivos do mar (art. 1º), além de prever a solução de eventuais litígios por meios pacíficos, de acordo com o art. 33 da Carta da ONU (art. 9º). A preocupação estatal quanto à pesca se manifestou, nessa Convenção, tanto em hipóteses em que um Estado pesque sozinho, como naquelas em que houver acordo entre as partes que pescam.

Muitos outros atos internacionais foram assinados sobre o assunto, tais como: Convenção de Bruxelas, de 1923. Acordo entre os governos da Noruega, Dinamarca e Suécia, sobre Medidas para a Proteção dos Crustáceos, assinado em 1952, em Oslo. Convenção para a Regulamentação da Pesca da Baleia, assinada em 1931, em Genebra. Convenção Internacional sobre a Pesca da Baleia, assinada em Washington, em 1946. Convenção de Londres, em 1946, Convenção sobre Pesca no Noroeste do Atlântico, assinada em Londres, em 1949, emendada em 1965. Convenção Internacional entre Estados Unidos, Canadá e Japão sobre Pesca no Pacífico Norte, assinada em 1952, em Tóquio (idem em 1957, com a presença da ex-União Soviética). Convenção sobre Pesca no Noroeste do Atlântico, assinada em Londres, em 1959. Convênio para a criação de um Conselho Geral de Pesca do Mediterrâneo, de 1963. Convenção sobre Pesca, assinada em Londres, em 1964. Convenção entre a Bélgica, Dinamarca, Finlândia, França e República da Alemanha sobre o Conselho Internacional para a Exploração do Mar, assinada em 1964, em Copenhagen. Convênio Internacional para a Conservação do Atum do Atlântico, assinada no Rio de Janeiro, em 1966. Acordo entre Filipinas, Malásia, Singapura, Tailândia e Vietnã, para a criação de um Centro de Desenvolvimento de Pesca do Sudeste da Ásia, assinado em Bangkok, em 1967. Acordo entre a ONU, Índia e Noruega sobre o Desenvolvimento da Pesca na Índia, assinado em Nova Delhi, em 1967. Acordo entre Estados Unidos e México, de 1967. Acordo entre Japão e México, de 1968. Acordo entre Austrália e Japão, de 1968. Acordo entre Finlândia e ex-União Soviética, de 1969. Acordo entre Marrocos e Espanha, de 1969. Acordo entre Japão, ex-União Soviética e Estados Unidos sobre a Pesca da Baleia no Atlântico Norte, assinado em 1970, em Tóquio. Acordo entre Estados Unidos e Japão sobre o Mar de Bering, assinado em 1970. Acordo entre Estados Unidos e Canadá, de 1970. Acordo entre Estados Unidos e ex-União

Soviética, sobre a Pesca do Caranguejo, de 1971. E outros mais, inclusive, aqueles negociados entre si, pelos países-membros do Mercado Comum Europeu, hoje, União Européia.

Em se tratando de baleias, o correto é impedir a caça (e não a pesca), por se tratar de mamífero. E o Japão, a despeito de ser parte em diversas Convenções, conforme *supra*, tem desrespeitado a caça (ou pesca), alegando razões de pesquisas científicos.

A presença de grandes Estados pesqueiros, nesses Acordos, tem justificado a preocupação dos países em desenvolvimento, quanto à exploração exclusiva de suas riquezas naturais. Tal exploração comportou exceções como ocorreu com o Acordo de Pesca entre Brasil e EUA, de 1972.

A liberdade de colocação de cabos e oleodutos submarinos, também de origem consuetudinária, passou a ter caráter convencional na norma genebrina, de 1958, sobre o Alto-Mar.

No mesmo ano, outra Convenção de Genebra, embora reconhecendo o exercício de direitos soberanos pelo Estado costeiro sobre a plataforma submarina, para fins de exploração e aproveitamento de seus recursos naturais (art. 2º), deixou claro que o Estado costeiro não pode entravar a colocação ou a manutenção de cabos ou de oleodutos sobre sua plataforma continental. Ressalvou, apenas, o direito de o Estado costeiro tomar as medidas razoáveis para exploração da plataforma continental e o aproveitamento de seus recursos naturais (art. 4º). Trata-se da Convenção sobre o Mar Territorial e Zona Contígua. A Convenção sobre Alto-Mar, de 1958, em seus arts. 26 a 29, trouxe dispositivos semelhantes, garantindo o direito de colocação de cabos e oleodutos submarinos no leito do alto-mar a todos os Estados, sempre ressalvando, aos Estados costeiros, o direito de exploração de sua plataforma submarina e de aproveitamento de seus recursos naturais.

Finalmente, a liberdade de sobrevôo decorreu do fato de que o espaço aéreo sobrejacente ao alto-mar também é livre, o que não ocorre com o espaço aéreo sobrejacente ao território e águas territoriais dos Estados. Aqui, admite-se o sobrevôo inocente e, até mesmo, o pouso forçado, em hipóteses comprovadas de força maior. Já no espaço aéreo situado sobre o alto-mar, a liberdade de sobrevôo é total. Todas as vezes, porém, que um Estado aumenta a extensão de seu mar territorial, não apenas diminui a extensão do alto-mar, como, também, a liberdade de sobrevôo.

Já foi dito que a Convenção sobre o Alto-Mar, de 1958, concedeu a todos os Estados o direito de navegar arvorando a sua bandeira (art. 4º). Cada Estado fixará as condições segundo as quais conferirá a sua nacionalidade aos navios e lhes concederá matrícula, bem como, o direito de arvorar o seu pavilhão. Os navios têm a nacionalidade do Estado cuja bandeira tenham o direito de arvorar. Entre o Estado e o navio deve existir um vínculo substancial. O Estado deve, principalmente, exercer, de modo efetivo, jurisdição e controle, nos planos técnicos, administrativo e social sobre os navios que arvorem a sua bandeira (art. 5º, I). Salvo hipóteses especiais, normativamente previstas, os navios navegam sob bandeira de um só Estado e se acham submetidos à sua jurisdição exclusiva em alto-mar, só se admitindo mudança de bandeira no curso de uma viagem ou de uma escala, em caso de transferência real de propriedade ou de mudança de matrícula (art. 6º, I). "Navio que navega sob bandeiras de dois ou mais Estados e que faz uso delas conforme sua conveniência, não pode se aproveitar, perante um terceiro Estado, de nenhuma das nacionalidades em causa e pode ser assimilado a um navio sem nacionalidade" (art. 6º, 2).

A despeito disto e do elo substancial que deve haver entre Estado e navio (art. 5º, I), há na prática, os chamados "pavilhões de complacência", admitindo, certos países, que navios arvorem seus pavilhões, mesmo inexistindo qualquer elemento nacional ou vínculo. É o caso do grupo PANLIBHON (Panamá, Libéria, Honduras), anteriormente PANLIBHONCO, quando incluía a Costa Rica.

Os navios de guerra gozam, em alto-mar, de total imunidade de jurisdição em relação aos demais Estados (art. 8º, I). Os navios destinados a serviços governamentais, não comerciais, também gozam de igual imunidade de jurisdição, em relação a qualquer outro Estado que não o de sua própria bandeira (art. 9º). Hoje, até mesmo as organizações internacionais têm se valido do direito de navegação no alto-mar, a exemplo da ONU. Neste particular, o art. 7º da Convenção admitiu a utilização de navios no serviço oficial de uma organização intergovernamental, com a condição de que arvorem sua bandeira.

Em decorrência do direito de navegar em alto-mar com sua bandeira, tomariam os Estados medidas de segurança no que diz respeito a emprego de sinais (art. 10). Em casos de abalroamento, qualquer ação penal ou disciplinar do capitão ou de qualquer outra pessoa a serviço do navio só seria intentada perante as autoridades judiciais ou administrativas, seja do Estado de bandeira, seja do Estado da nacionalidade de tais pessoas (art. 11, I).

A Convenção da ONU/82 trata do alto-mar em sua Parte VII (arts. 86 a 120): Disposições Gerais e Conservação e Gestão dos Recursos Vivos do Alto-Mar.

Disposições gerais

O alto-mar compreende todas as partes do mar não incluídas na ZEE, no mar territorial ou nas águas interiores de um Estado, nem nas águas arquipelágicas de um Estado arquipélago.

Segundo a Convenção da ONU, as grandes liberdades do alto-mar são seis: liberdade de navegação; de sobrevôo; de colocação de cabos e dutos submarinos; de construção de ilhas artificiais; de pesca; e de investigação científica. Tais liberdades serão exercidas por todos os Estados, costeiros ou não, pois o alto-mar está aberto a todos os Estados, sempre, para fins pacíficos (arts. 87 e 88).

O direito de navegação condicionou a nacionalidade dos navios, devendo o Estado estabelecer os requisitos necessários para a atribuição da sua nacionalidade a navios, para o registro de navios no seu território e para o direito de arvorar a sua bandeira. Os navios possuem a nacionalidade do Estado cuja bandeira esteja autorizado a arvorar, pois existe um vínculo substancial entre o Estado e o navio (art. 91). Os navios devem navegar sob a bandeira de um só Estado, submetendo-se, regra geral, em alto-mar, à jurisdição exclusiva desse Estado. Um navio que navegue sob a bandeira de dois ou mais Estados será considerado como um navio sem nacionalidade (art. 92). Os navios de guerra, em alto-mar, gozam de completa imunidade de jurisdição, relativamente a qualquer outro Estado que não seja o de sua bandeira (art. 95), o mesmo ocorrendo com navios utilizados unicamente em serviço oficial, não-comercial (art. 96).

Os deveres do Estado de bandeira (art. 94) compreendem; *inter alia*:

— o exercício efetivo, pelo Estado, de sua jurisdição e controle em questões administrativas, técnicas e sociais sobre navios que arvorem sua bandeira;

— todo Estado deve manter um registro de navios de sua propriedade, sobre os quais exercerá sua jurisdição, conforme seu Direito Interno (navio, capitão, oficiais e tripulação) em questões administrativas, técnicas e sociais;

— todo Estado deve tomar, para os navios que arvorem sua bandeira, as medidas necessárias para garantir a segurança no mar; no que se refere à construção, equipamento e condições de navegabilidade do navio; tripulação; utilização de sinais, manutenção de comunicações e prevenção de abalroamentos;

— tais medidas deverão assegurar que cada navio seja objeto de inspeção e possua instrumentos apropriados à segurança da navegação e confiado a capitão, oficiais e tripulantes devidamente qualificados e cientes do constante nos regulamentos internacionais no tocante à segurança da vida no mar, à prevenção de abalroamentos, à prevenção, redução e controle da poluição marinha e à manutenção de radiocomunicações;

— todo Estado abrirá inquérito sobre acidente marítimo ou incidente de navegação em alto-mar, envolvendo navio arvorando sua bandeira onde tenham perdido a vida ou sofrido ferimentos graves nacionais de outro Estado, ou se tenham provocado graves danos a navios de outro Estado ou ao meio marinho.

Em caso de abalroamento de navio em alto-mar, o procedimento penal e/ou disciplinar só pode ocorrer perante as autoridades do Estado de bandeira ou do Estado de que sejam nacionais as pessoas envolvidas, seja o capitão, seja para qualquer elemento da tripulação (art. 97).

No alto-mar, todo Estado exigirá do navio que arvore sua bandeira, que preste assistência a qualquer pessoa encontrada no mar, em perigo de desaparecer, o mesmo ocorrendo em caso de abalroamento, desde que o faça sem acarretar perigo grave para o navio, para a tripulação ou para os passageiros. O mesmo ocorrerá quanto a um serviço de busca e salvamento, para garantir a segurança marítima e aérea (art. 98).

Todo Estado deverá tomar medidas eficazes para impedir e punir o transporte de escravos em navios autorizados a arvorar sua bandeira (art. 99). A Convenção de Genebra, de 1958, também, proibia o transporte de escravos (art. 13), no sentido amplo da palavra, compreendendo o desvio de mulheres e de crianças para fins de prostituição. A respeito, existem normas anteriores à genebrina, como a Declaração que emanou do Congresso de Viena, de 1815, a Convenção de Nova York, de 1947 e a Declaração Universal dos Direitos do Homem, de 1948.

Todos os Estados cooperarão na repressão da pirataria no alto-mar ou em qualquer outro lugar que não se encontre sob a jurisdição de algum Estado (art. 100). Constituem atos de pirataria, os atos ilegais de violência, de detenção ou qualquer depredação cometidas para fins pessoais pela tripulação ou passageiros de um navio ou aeronave privados, em alto-mar ou outro lugar não submetido a qualquer jurisdição, contra navios, aeronaves e pessoas ou bens a bordo dos mesmos. Como se vê, uma das condições para a efetivação do ato delituoso é que seja cometido em alto-mar ou local não submetido à jurisdição de algum Estado. As outras são a violência, detenção ou depredação, e o objetivo privado (lucro). Se os atos forem perpetrados por navio de guerra ou aeronave de Estado, cuja tripulação se amotinou e deles se apropriou, serão assimilados aos atos cometidos por navios ou aeronaves privados. O apresamento só será feito por navios de guerra ou aeronaves militares, ou outros navios ou aeronaves autorizados.

Todos os Estados devem cooperar para a repressão do tráfico ilícito de estupefacientes e substâncias psicotrópicas, praticado por navios no alto-mar, com violação das convenções internacionais (art. 108). A Convenção exclui a violação de leis internas, o que é inadmissível. Além disso, esse detalhe não consta entre os atos que admitem o direito de visita (revista, segundo a norma genebrina). Este ocorrerá, em alto-mar, por navio de guerra, contra navio de comércio estrangeiro, quando houver suspeita de que o navio: se dedica à pirataria; realiza tráfico de escravos; efetua transmissões não autorizadas; não tem nacionalidade; e tem a mesma nacionalidade do navio de guerra (art. 110). O art. 27, 1, *d*, da Convenção, porém, como visto *retro*, admite o exercício da jurisdição penal do Estado costeiro a bordo de navios mercantes e de navios de Estado utilizados para fins comerciais, de detenção de pessoas e de investigação, e de repressão do tráfico ilícito de estupefacientes ou de substâncias psicotrópicas. O tráfico lícito (remédios), logicamente, é sempre permitido.

Todos os Estados devem cooperar, também, para a repressão de transmissões não autorizadas, efetuadas a partir do alto-mar, excluídas as chamadas de socorro (art. 109). Esta hipótese, conforme *supra*, admite o direito de visita. Qualquer pessoa que efetivar tais transmissões poderá ser processada perante os tribunais do Estado de bandeira; do Estado de registro da instalação; do Estado do qual a pessoa é nacional; de qualquer Estado em que as transmissões possam ser recebidas; ou de qualquer Estado cujos serviços autorizados de radiocomunicação sofram interferências.

Tais Estados têm competência para deter pessoas, apresar navios e apreender equipamentos emissores.

Todo Estado costeiro tem o direito de perseguir um navio estrangeiro, por violar seus direitos ou infringir suas normas legais (art. 111). A perseguição é contínua *(hot porsuit)*. Começa quando o navio se encontrar nas águas interiores, no mar territorial, na zona contígua ou nas águas arquipelágicas do Estado perseguidor e só continua fora do mar territorial ou da zona contígua, se a perseguição não for interrompida. O direito de perseguição cessa quando o navio entrar no mar territorial de seu país ou no de uma terceira potência. A perseguição só é exercida por navios de guerra (ou assemelhados), iniciando-se após à emissão de sinal de parar, visual ou auditivo, a uma distância que permita ao navio estrangeiro vê-lo ou ouvi-lo. Aplicam-se, *mutatis mutandis*, as mesmas disposições, à perseguição efetuada por aeronaves militares (ou assemelhadas). O navio parado ou apresado, em circunstâncias que não justifiquem a perseguição, terá direito a indenização por perdas ou danos.

Finalmente, todos os Estados têm o direito de colocar cabos e dutos submarinos no leito do mar, além da plataforma continental, sujeitando-se o autor da ruptura ou indenização a sanções, salvo hipóteses de proteção à vida de pessoas ou de segurança dos navios. Proprietários de cabos ou dutos submarinos respondem pela ruptura ou danificação de outros cabos ou dutos, através do custo da reparação. Há, também, indenização por perdas ocorridas, para evitar danificações a um cabo ou duto submarino (arts. 112 a 115).

Conservação e gestão dos recursos vivos do alto-mar

Temos, aqui, dispositivos legais sobre pesca e cooperação, na conservação e gestão dos recursos vivos (arts. 116 a

120), dentro da Convenção/82, no tocante ao alto-mar. As normas genebrinas/58, sobre a matéria, constavam de duas Convenções: Convenção sobre o Alto-Mar e Convenção sobre Pesca e Conservação dos Recursos Vivos do Alto-Mar.

Todos os Estados têm o direito de pesca no alto-mar, com base das disposições da Convenção/82, de outras obrigações convencionais e dos direitos, deveres e interesses dos Estados costeiros. Têm, também, o dever de tomar, em relação aos seus nacionais, medidas para a conservação dos recursos vivos do alto-mar. Devem, igualmente, cooperar entre si na conservação e gestão dos recursos vivos do alto-mar, estabelecendo, inclusive, organizações sub-regionais ou regionais de pesca para tal fim, a exemplo da NAFO (Organização de Pesca do Noroeste do Atlântico).

Ao estabelecer medidas de conservação para os recursos vivos do alto-mar (por exemplo, fixação de captura permissível) devem os Estados tomar medidas para preservar ou restabelecer as populações de pesca capturadas, tendo em conta métodos de pesca e zelando pelos interesses dos Estados em desenvolvimento; trocar informações científicas e estatísticas de captura para a conservação das populações de peixes, através de Estados e de organizações; e assegurar que as medidas de conservação não tenham caráter discriminatório.

Finalmente, deverão os Estados zelar pela proteção do meio marinho, nos termos da Parte XII da Convenção da ONU, através de medidas para prevenir, reduzir e controlar a poluição do meio marinho. Através da cooperação no plano mundial e no plano regional. Através de organizações internacionais. Através de notificações, estudos, programas de investigação e troca de informações. E através de assistência científica, educativa e técnica.

9 — Ilhas

A Parte VIII da Convenção da Jamaica trata do regime das ilhas em apenas um dispositivo legal, que é o art. 121, o qual define uma ilha como uma formação natural de terra, rodeada de água, que fica a descoberto na preamar. As ilhas possuem mar territorial, zona contígua, zona econômica exclusiva e plataforma continental, que serão determinados de acordo com as disposições da Convenção, aplicáveis a outras formações terrestres. Trata-se do contido em suas Partes II, V e VI, respectivamente, mar territorial e zona contígua (arts. 2 a 33), zona econômica exclusiva (arts. 55 a 77) e plataforma continental (arts. 76 a 85). Tal detalhe dilata o território dos Estados, como no caso do Brasil, cuja costa marítima apresenta arquipélagos e ilhas, que têm conseqüências jurídicas, políticas e estratégicas sobre o traçado do limite exterior do mar territorial e, portanto, da zona contígua, da zona econômica exclusiva e da plataforma continental. Contudo, os rochedos, que, por si próprios, não se prestam à habitação humana ou à vida econômica, não têm ZEE, nem plataforma. Por isso, o Brasil exerce plena vigilância no tocante aos Rochedos São Pedro e São Paulo, mantendo vida humana e vida econômica.

Conforme o art. 6 da Convenção/82, no caso de ilhas situadas em atóis ou com cadeias de recifes, a linha de base do mar territorial é a da baixa-mar do recife existente ao lado do mar, nos termos das cartas reconhecidas oficialmente pelo Estado costeiro. Nos casos das linhas de base retas (art. 7, 1) admite-se a adoção do método nos locais em que a costa apresenta recortes profundos e reentrâncias ou em que exista uma franja de ilhas ao longo da costa ou na sua proximidade imediata. As linhas de base retas, porém, não serão traçadas em direção aos baixios que emergem na baixa-mar, nem a partir deles, salvo existência de faróis ou instalações análogas permanentes acima do nível do mar, ou na hipótese do traçado ser objeto de reconhecimento internacional (art. 7, 4).

As ilhas artificiais, instalações e estruturas na zona econômica exclusiva (art. 60) e na plataforma continental (art. 80) não têm o estatuto jurídico de ilhas, motivo por que não possuem mar territorial, não afetando, sua presença, a delimitação do mar territorial, da ZEE ou da plataforma. O mesmo ocorre com relação a instalações e equipamentos de investigação científica no meio marinho. Como não têm o estatuto jurídico de ilhas, não têm, também, mar territorial próprio e sua presença não afeta, igualmente, a delimitação do mar territorial, da ZEE ou da plataforma (art. 259).

Observa Celso de Albuquerque Mello que a Convenção da ONU inovou no conceito de ilha, ao tratar da plataforma continental e da zona econômica exclusiva, analisando, ainda, as seguintes hipóteses: ilha próxima a costa, mas, fora do mar territorial, caso em que, se o mar territorial do continente e o mar territorial da ilha se misturam, ele forma um todo; e se entre os dois mares territoriais forma-se um bolsão de alto-mar de pequena largura, poderá ele ser incorporado ao mar territorial. Em todos os casos, a ilha possui mar territorial próprio.

A Convenção da ONU trata dos Estados Arquipélagos (arts. 46 a 54), constituídos totalmente por um ou vários arquipélagos, podendo incluir outras ilhas. Podem tais Estados traçar linhas de base arquipelágicas retas que unam os pontos extremos das ilhas mais exteriores e dos recifes emergentes do arquipélago. A largura do mar territorial, da zona contígua, da zona econômica e da plataforma é medida a partir dessas linhas de base arquipelágicas. A soberania do Estado Arquipélago estende-se às águas encerradas por tais linhas de base, denominadas águas arquipelágicas, independente da sua profundidade ou da sua distância da costa, ao espaço aéreo sobre essas águas, ao seu leito e subsolo, bem como aos recursos nele existentes.

10 — Mares Fechados ou Semifechados

A Convenção da Jamaica trata dos mares fechados ou semifechados em sua Parte II (art. 122: definição; art. 123: cooperação entre Estados costeiros).

A doutrina anterior à Convenção/82 cogitava de mares interiores, como grandes extensões de água salgada rodeadas de terra, compreendendo os mares fechados, quando não tinham comunicação com o alto-mar, e mares não fechados, quando tal comunicação existia. Os mares fechados que se encontrassem no território de um só Estado integravam o território desse Estado, enquanto os mares fechados existentes no território de mais de um Estado pertenciam a cada um dos Estados costeiros, por partes divisas, através de linhas medianas ou decorrentes de um tratado. Os mares não fechados apresentavam duas hipóteses: quando a passagem para o alto-mar estava em poder de um só Estado ou quando pertencia a mais de um Estado. No primeiro caso, o mar não fechado estava sujeito à soberania daquele Estado e no segundo, o mar não fechado era considerado livre (Rubens Ferreira de Mello).

Para a Convenção da Jamaica, mar fechado ou semifechado significa um golfo, bacia ou mar, rodeado por dois ou mais Estados e comunicando com outro mar ou com o oceano, por uma saída estreita, ou formado inteira ou principalmente por mares territoriais e zonas econômicas exclusivas de dois ou mais Estados costeiros (art. 122).

Os Estados costeiros de um mar fechado ou semifechado devem cooperar entre si no exercício dos seus direitos e no cumprimento dos seus deveres. A cooperação entre Estados costeiros de mares fechados ou semifechados — por si ou por meio de uma organização regional apropriada — compreende o seguinte (art. 123):

— coordenar a conservação, gestão, exploração e aproveitamento dos recursos vivos do mar;

— coordenar o exercício de seus direitos e o cumprimento de seus deveres quanto à proteção do meio marinho;

— coordenar suas políticas de investigação científica marinha e empreender, quando apropriado, programas conjuntos de investigação científica;

— convidar, quando apropriado, outros Estados ou organizações internacionais a cooperar no tocante aos referidos assuntos (conservação, gestão, exploração e aproveitamento dos recursos marinhos; proteção do meio marinho; e investigação científica).

11 — Estados Sem Litoral

A Declaração de Barcelona, de 20 de abril de 1921, que contou com a participação de trinta e quatro Estados, reconheceu aos países sem litoral marítimo o direito de navegar com seus próprios navios e sua bandeira, desde que registrados em seu território. O local onde tal fato ocorresse seria o seu porto de registro. Esse ato normativo, criando um direito de navegação aos países mediterrâneos, constituiu um dos mais importantes passos para as discussões genebrinas, que culminaram com a Convenção de 1958.

Realmente, nesse ano, em Genebra, dezenove Estados sem litoral reivindicaram um livre acesso ao mar. A CDI da

Assembléia Geral da ONU criara quatro Comissões específicas para as discussões dos problemas do mar, ocupando-se, a segunda, precisamente, do alto-mar. Tal o interesse então manifestado pelos países desprovidos de litoral marítimo, que uma Quinta Comissão foi estabelecida para analisar o seu *status*. Esta Comissão não contou, como as demais, com um Projeto da CDI, pois o assunto não fora anteriormente suscitado. Vale salientar, porém, a compreensão dos conferencistas no tocante à discussão do impasse, pois, além da criação, em si, daquela Comissão, tanto seu presidente, como seu vice-presidente e relator, foram nacionais de países sem litoral.

Segundo a Convenção de 1958, no parágrafo primeiro de seu art. 3º, para gozar da liberdade do mar, em igualdade de condições com os Estados costeiros, os Estados sem litoral devem ter livre acesso ao mar. Para este efeito, os Estados situados entre o mar e um Estado desprovido de litoral, garantiram, de comum acordo e conforme as convenções internacionais em vigor: ao Estado sem litoral, sem base de reciprocidade, o livre trânsito através do território de cada um deles e aos navios arvorando a bandeira desse Estado, em tratamento igual ao concedido aos seus próprios navios ou ao navio de qualquer Estado, quanto ao acesso aos portos marítimos e sua utilização.

O texto em francês se utilizava do verbo no tempo futuro *(devraient)*, lutando os países sem litoral para a utilização do verbo no tempo presente *(doivent)*. Assim, não reconheceu o art. 3º da Convenção, realmente, um direito de livre acesso ao mar, mas, uma simples faculdade, com base na cortesia internacional, tanto que empregou a expressão "de comum acordo" no § 1º do art. 3º.

O § 2º do mesmo artigo insistiu sobre o mesmo detalhe, quando dispôs que os Estados situados entre o mar e um

Estado sem litoral resolveriam de comum acordo com este, levando em conta os direitos do Estado ribeirinho ou de trânsito e as particularidades do Estado sem litoral, todas as questões relativas à liberdade de trânsito e à liberdade de tratamento nos portos. O que se conclui, pois, do art. 3º, é que os Estados sem litoral teriam, apenas, uma faculdade de acesso ao mar. O problema jurídico resultou do antagonismo entre dois grandes princípios — o da liberdade das comunicações internacionais e o da soberania territorial — sendo este, pela Convenção, o vitorioso. A Convenção, em seu art. 4º, dispôs, porém, que todos os Estados ribeirinhos ou não do mar tinham o direito de navegar em alto-mar navios arvorando a sua bandeira, princípio esse que já constara da Declaração de Barcelona.

Em 1965, sob os auspícios da ONU, foi assinada a Convenção sobre Comércio e Trânsito dos Estados sem Litoral. Estiveram presentes à Conferência cinqüenta e oito Estados e onze observadores. Sua realização emanou de solicitação feita, no ano anterior, na UNCTAD, em Genebra. A Convenção compreende um preâmbulo e uma parte dispositiva, composta de vinte e três artigos. Não é nestes, contudo, que encontramos os elementos fundamentais para a análise do problema, e, sim, no preâmbulo, mediante a enunciação de oito princípios. Ressalte-se, neste particular, que a Convenção adotou os sete princípios apresentados pela Quinta Comissão acima citada, transformando-os em seis e criando mais dois. Tais princípios foram assim enunciados: a) reconhecimento do direito de todo Estado sem litoral aceder livremente ao mar, por se constituir uma condição indispensável para a expansão do comércio internacional e o desenvolvimento econômico; b) nas águas territoriais, navios portando pavilhão de um Estado sem litoral, teriam direitos idênticos aos que gozam os navios dos Estados costeiros; c) os Estados sem litoral poderiam aceder livremente ao mar. Para tal fim, os Estados situados entre o mar e um Estado sem litoral, deveriam, de comum acordo com esse Estado e conforme as convenções internacionais em vigor, conceder aos navios portando pavilhão desse Estado, no que concerne ao acesso a portos marítimos e sua utilização, um tratamento igual aos navios de qualquer outro Estado; d) para favorecer plenamente o desenvolvimento econômico dos Estados sem litoral, todos os outros Estados deveriam conceder a eles, com base na reciprocidade, o direito de livre trânsito, sem qualquer restrição, de forma que eles tivessem livre acesso ao comércio regional e internacional em todas as circunstâncias e para todos os produtos. As mercadorias em trânsito não seriam submetidas a qualquer direito alfandegário. Os meios de transporte empregados para o trânsito não deveriam ser submetidos a taxas ou direitos especiais superiores aos percebidos pela utilização dos meios de transporte do Estado onde fosse feito o mencionado trânsito; e) o Estado onde se efetivasse esse trânsito conservaria plena soberania sobre seu território e teria o direito de tomar todas as medidas indispensáveis para que o exercício do direito ao livre trânsito não atentasse, de forma alguma, aos seus legítimos interesses; f) os Estados favoreceriam a conclusão de acordos regionais visando ao comércio e ao desenvolvimento dos países sem litoral; g) as facilidades e os direitos especiais concedidos aos Estados sem litoral não entrariam no campo de aplicação da cláusula de nação mais favorecida; h) esses princípios não revogariam os acordos em vigor entre dois ou mais Estados contratantes sobre a matéria, nem constituiriam obstáculos a acordos futuros.

Um grupo de Estados sem litoral apresentou, em 1973, em Genebra, um Projeto que serviria de base a uma futura

Convenção sobre Direito do Mar, que pode ser sintetizado da seguinte maneira: a) Princípios fundamentais — para o § 2º do art. II, os países sem litoral tinham o direito de livre acesso ao mar. O art. III cogitou da obrigação dos países de trânsito concederem irrestrita liberdade ao tráfego dos países sem litoral, por intermédio de todos os meios de transporte e comunicações; b) Alto-mar e portos — O art. VI reafirmou o princípio da utilização, pelos países sem litoral, de seus pavilhões. O art. V enunciou o direito dos navios desses Estados utilizarem portos de mar de outros países. Complementou o art. VI que o tráfego em trânsito não seria submetido a direitos aduaneiros, impostos ou outros gravames, excetuadas as taxas por serviços específicos prestados com relação ao aludido tráfego. O art. VII enumerou normas relativas às zonas francas, isentas dos regulamentos aduaneiros dos Estados costeiros, embora sujeitas as suas regulamentações policiais e sanitárias, com base em acordos concluídos entre os Estados interessados. Para o art. VIII, os países sem litoral teriam o direito de nomear funcionários aduaneiros autorizados tanto nas zonas francas, como nos portos de trânsito; c) Transporte e comunicação — Conforme o art. IX, os Estados de trânsito proporcionariam meios adequados de transporte, armazenamento e manipulação de carga nos portos e nas etapas intermediárias. Pelo art. X, os Estados sem litoral, de acordo com os Estados de trânsito, teriam o direito de construir, reformar e melhorar meios de transporte e comunicação, assim como as instalações portuárias. Os arts. XII e XIII traziam disposições adicionais ao princípio geral de liberdade de trânsito. O art. XIV garantiu a soberania do Estado de trânsito, que teria o direito de adotar as medidas necessárias para evitar lesões de seus legítimos interesses; d) Reciprocidade — Embora os Estados de trânsito não pudessem exigir reciprocidade aos Estados sem litoral, como condição de sua liberdade de trânsito, o art. XVI não excluiu a concessão de facilidades recíprocas de trânsito mediante acordos especiais firmados entre as partes interessadas; e) Fundos marinhos — Pelo art. XVI, os países sem litoral gozariam do direito de livre acesso às zonas dos fundos marinhos, podendo, inclusive, participar de organismos internacionais sobre a matéria (art. XVIII); f) Acordos especiais e cláusula de nação mais favorecida — O art. XX previu tais acordos entre os países interessados. Se os ajustes vigentes estabelecessem condições menos favoráveis que as previstas em futuros tratados, aqueles países se comprometeriam a pô-las em consonância com as condições previstas na Convenção. Finalmente, o art. XXII continha um princípio relativo à solução de controvérsias quanto à interpretação e aplicação dos dispositivos aos países sem litoral.

A problemática possuía conotações jurídicas, políticas e econômicas, como se constatou na Reunião Regional da Associação Americana de Direito Internacional, realizada em 1973, em Rosário, na Argentina, e no Encontro sobre *Status* Jurídico dos Países sem Litoral, de 1975, em Porto Alegre. Tudo isto demonstra a importância da liberdade de navegação, pois engloba até mesmo Estados sem litoral marítimo. A explicação está, obviamente, na necessidade de se criarem e manterem os mais diversos tipos de comunicação entre os países.

A Convenção/82, em sua Parte X (arts. 124 a 132), trata do Direito de Acesso ao Mar e a Partir do Mar e Liberdade de Trânsito.

Os Estados sem litoral têm o direito de acesso ao mar e a partir do mar, para o exercício de seus direitos, incluindo os relativos à liberdade do alto-mar e ao patrimônio comum da Humanidade, gozando de liberdade de trânsito pelo território dos Estados de trânsito — os situados entre um Estado sem litoral e o mar, onde ocorre o tráfego em trânsito — por todos os meios de transporte (material ferroviário rolante, embarcações marítimas, lacustres e fluviais, veículos rodoviários, carregadores e animais de carga).

A Convenção enumera os seguintes pontos fundamentais:

— os Estados sem litoral e os Estados de trânsito acordarão entre si, através de tratados bilaterais, sub-regionais ou regionais;

— os Estados de trânsito assegurarão o exercício de sua soberania ao conceder direitos e facilidades aos Estados sem litoral;

— as concessões feitas pelos Estados de trânsito aos Estados sem litoral ficam excluídas da aplicação de cláusula de nação mais favorecida;

— o tráfego em trânsito não está sujeito a direitos aduaneiros, impostos ou outros encargos, salvo os encargos devidos por serviços específicos relacionados a esse tráfego;

— os meios de transporte em trânsito utilizados pelos Estados sem litoral não estão sujeitos a impostos ou encargos mais elevados que os fixados para o uso dos meios de transporte do Estado de trânsito;

— zonas francas (e outras facilidades aduaneiras) podem ser estabelecidas nos portos de entrada e de saída dos Estados de trânsito, mediante acordo com os Estados sem litoral, a fim de facilitar o tráfego em trânsito;

— Estados em trânsito e Estados sem litoral podem cooperar na construção ou no melhoramento dos meios de transporte dos Estados de trânsito;

— navios arvorando a bandeira de um Estado sem litoral gozarão, nos portos estrangeiros, do mesmo tratamento concedido aos outros navios.

De acordo com a Convenção/82, os Estados sem litoral (e os Estados geograficamente desfavorecidos) terão o direito de participar, numa base eqüitativa, no aproveitamento dos excedentes dos recursos vivos das zonas econômicas exclusivas dos Estados costeiros da mesma região ou sub-região, com base nos fatores econômicos e geográficos dos Estados interessados e no disposto nos arts. 61 e 62 (conservação e utilização dos recursos vivos), assim como de participar em projetos de investigação científica marinha propostos a Estados costeiros (arts. 69, 70 e 254).

12 — A Área

As Conferências de Genebra, de 1958 e 1960, não analisaram o fundo do mar, além das jurisdições nacionais. A Declaração de São Domingos, de 1972, tratou do fundo do mar internacional, o qual, juntamente com seus recursos, se constituiria patrimônio comum da Humanidade, conforme a Resolução nº 2.749 (XXV), de 1970.

O assunto foi muito discutido, no sentido de se chegar a critérios de jurisdição, distinguindo plataforma continental de fundo do mar internacional. Em 1966, antes da proposição da delegação de Malta, na ONU, falou-se em jurisdição do Estado costeiro até 500 metros de profundidade, conforme orientação do ramo holandês da Associação de Direito Internacional. Em 1968, seu ramo norte-americano cogitou de 2.500 metros de profundidade, ou 100 milhas de extensão. Malta, em 1969, também analisou o problema em termos de profundidade e distância, propondo, em 1971, 200 milhas, que seria o espaço oceânico nacional após o qual não haveria jurisdição.

Diversas são as observações da Assembléia Geral da ONU sobre o uso pacífico do fundo do mar, fora dos limites das jurisdições nacionais: Resolução nº 2.340 (XXII), 1967, ano em que o Embaixador Pardo, de Malta, apresentou sua proposta, o que levou a Assembléia à criação de um Comitê Especial sobre o assunto, composto de três subcomitês (técnico, jurídico e sobre poluição); Resolução nº 2.467 (XXIII), 1968; Resolução nº 2.574 A e B (XXIV); Resolução nº 2.749 (XXV), 1970, que cogitou expressamente do fundo do mar internacional e seus recursos, como patrimônio comum da Humanidade; Resolução nº 2.750 (XXV), de 1970, que tratou de uma Conferência para o estabelecimento de um regime internacional eqüitativo; Resolução nº 2.881 (XXVI), 1971 e 2.846 (XXVI), 1971. Vale salientar, também, que outros órgãos das Nações Unidas se dedicaram ao estudo da matéria, tais como o Conselho Econômico e Social, a AIEA, FAO, UNESCO, OMI, OMM e UNCTAD.

Com base na noção de patrimônio comum da Humanidade, nenhum Estado poderá reivindicar direitos soberanos sobre parte alguma dessa zona, de onde resulta a impossibilidade de aquisição de propriedade (domínio), seja por uso, ocupação ou qualquer outro meio.

Alguns internacionalistas têm criticado a expressão patrimônio comum da Humanidade, que poderia ser confundida com a noção de domínio, do Direito Privado, pretendendo sua substituição por "bem comum da Humanidade" ou "interesse comum da Humanidade".

Para outros, os princípios normativos deverão ser mais severos do que os contidos no Tratado da Antártica, de 1959, e no Tratado sobre Espaço Exterior, de 1967, que podem ensejar investidas oligopolísticas.

A ONU, a partir de 1976, cuidou da administração e da regulamentação do fundo do mar internacional, portanto, além das jurisdições nacionais, chegando-se à Convenção da Jamaica/82, em sua Parte XI, a Área, a qual, juntamente com seus recursos, é patrimônio comum da Humanidade (art. 136). Este é um dos princípios básicos que regem a Área, ao lado da cooperação, fins pacíficos, investigação científica marinha, transferência de tecnologia e proteção do meio marinho. A Convenção também dispõe sobre o aproveitamento dos recursos da Área, sobre seus órgãos, solução de controvérsias e pareceres consultivos.

Princípios

A Convenção distingue recursos, de minerais. Recursos, são os minerais sólidos, líquidos ou gasosos, situados na Área, no leito e subsolo do mar, incluindo os nódulos polimetálicos (art. 133, a). Minerais, são os recursos extraídos da Área (art. 133, b). Como dito acima, a Área e seus recursos são patrimônio comum da Humanidade (art. 136), contudo, quem atua em nome da Humanidade é a Autoridade — Autoridade Internacional dos Fundos Marinhos (art. 137, 2). Tais recursos são inalienáveis, porque nenhum Estado pode reivindicar soberania ou direitos de soberania sobre qualquer parte da Área ou seus recursos (art. 137, 1 e 2). No entanto, os minerais extraídos da Área poderão ser alienados através da Autoridade (art. 137, 3). Desta forma, o princípio básico de patrimônio comum da Humanidade pode sofrer distorção, por parte do G-7, contra os legítimos interesses do G-77, a despeito do contido no art. 140 da Convenção, que, ao mencionar benefício da

Humanidade em geral, destaca os interesses dos países em desenvolvimento.

Outro princípio que rege a Área é o de que o comportamento dos Estados deve pautar-se no interesse da manutenção da paz e da segurança internacionais, assim como, da cooperação e da compreensão mútua (art. 138). Daí decorre sua responsabilidade por danos, o mesmo sendo aplicado às organizações internacionais competentes (art. 139). O art. 141 complementa o raciocínio, quanto à utilização da Área somente para fins pacíficos.

A investigação científica marinha também deverá ser realizada exclusivamente com fins pacíficos e em benefício da Humanidade (art. 143), seja através da Autoridade, seja através dos Estados Partes. A presença da Autoridade é sensível no plano da transferência de tecnologia (art. 144), isoladamente, ou através de cooperação com os Estados Partes. O mesmo ocorre com relação à proteção do meio marinho (art. 145) e à proteção da vida humana (art. 146).

Aproveitamento dos Recursos da Área

Há, aqui, dois pontos fundamentais a considerar: as políticas gerais relativas às atividades na Área e o papel da Autoridade Internacional dos Fundos Marinhos.

Quanto ao primeiro ponto (políticas gerais), temos que as atividades na Área devem fomentar o desenvolvimento harmonioso da economia mundial e o crescimento equilibrado do comércio internacional, além de promover a cooperação internacional a favor do desenvolvimento de todos os países e, em especial, dos países em desenvolvimento. Visa, ainda, a assegurar o aproveitamento dos recursos da Área e sua gestão ordenada, segura e racional, a formação de preços justos e estáveis e a proteção dos Estados subdesenvolvidos (art. 150).

Quanto ao segundo ponto (o papel da Autoridade), as políticas de produção advêm diretamente da Autoridade, a quem cabe a promoção, eficiência e estabilidade dos mercados dos produtos básicos obtidos dos minerais (níquel, cobre, cobalto, manganês) provenientes da Área; a participação em conferências e acordos; e a emissão de autorização de produção de minerais provenientes de nódulos polimetálicos (art. 151). As atividades na Área serão organizadas, realizadas e controladas pela Autoridade, em nome da Humanidade e todas as instalações na Área serão inspecionadas pela Autoridade (art. 153). É verdade que a Convenção dispõe que a Autoridade agirá em nome da Humanidade (art. 153), com especial atenção aos países em desenvolvimento (art. 152), mas, conforme *supra*, inegável é sua força organizadora, coordenadora e controladora. Outros exemplos poderiam ser citados: o art. 154 dispõe sobre o regime periódico (de 5 em 5 anos) internacional da Área, o qual advirá da Assembléia (um dos órgãos da Autoridade); o art. 155 cogita de uma Conferência de Revisão sobre exploração e aproveitamento dos recursos da Área (após 15 anos da primeira produção comercial), também sob a responsabilidade da Assembléia; e o art. 314 admite emendas às disposições referentes às atividades na Área, pelos Estados Partes, dependentes, porém, da aprovação da Assembléia e do Conselho (ambos, órgãos da Autoridade).

Órgãos da Autoridade

A Autoridade Internacional dos Fundos Marinhos ou simplesmente Autoridade, com sede na Jamaica, é a organização por meio da qual os Estados Partes organizam e controlam as atividades na Área, principalmente, quanto à gestão de seus recursos (art. 157). Seus órgãos principais são a Assembléia, o Conselho, o Secretariado e a Empresa, além dos órgãos subsidiários necessários.

A Assembléia é o órgão supremo da Autoridade, com poder de estabelecer a política geral sobre todos os assuntos e questões da competência da Autoridade. Além disso, elege os membros do Conselho, o Secretário Geral, os membros do Conselho de Administração da Empresa e seu Diretor Geral; cria órgãos subsidiários; examina e aprova, por Recomendação do Conselho, as normas, regulamentos e procedimentos sobre distribuição eqüitativa dos benefícios financeiros e outros benefícios econômicos obtidos das atividades da Área; examina e aprova as normas, regulamentos e procedimentos da Autoridade; decide sobre a distribuição eqüitativa dos benefícios financeiros e outros benefícios econômicos decorrentes das atividades da Área (art. 160).

A Assembléia é composta de todos os membros da Autoridade. Reúne-se em sessão ordinária anual e em sessões extraordinárias. O *quorum* é constituído pela maioria de seus membros. Cada membro dispõe de um voto. As decisões sobre questões processuais (de procedimento) são tomadas por maioria dos membros presentes e votantes. As decisões sobre questões não-processuais (de fundo) são tomadas por maioria de dois terços dos membros presentes e votantes (art. 159).

O Conselho (arts. 161 a 165) é constituído de 36 membros da Autoridade, eleitos pela Assembléia, com base no consumo, importações, investimentos e exportações de categorias minerais da Área, países em desenvolvimento e países repre-sentantes de diversas regiões geográficas

(África, América Latina, Ásia, Europa Ocidental e Europa Oriental).

O Conselho reúne-se pelo menos três vezes por ano, na sede da Autoridade. O *quorum* é constituído pela maioria de seus membros. Cada membro dispõe de um voto. As decisões sobre questões de procedimento são tomadas por maioria dos membros presentes e votantes. As decisões sobre questões de fundo, por maioria de dois terços dos membros presentes e votantes, por maioria de três quartos dos membros presentes e votantes, ou por consenso, nos casos estipulados na Convenção.

O Conselho é o órgão executivo da Autoridade. Estabelece as políticas específicas a serem seguidas pela Autoridade sobre todos os assuntos de sua competência. Além disso, exerce controle sobre as atividades na Área; recomenda à Assembléia, normas, regulamentos e procedimentos sobre a distribuição eqüitativa dos benefícios financeiros e outros benefícios econômicos provenientes das atividades na Área; e adota provisoriamente, até sua aprovação pela Assembléia, as normas, regulamentos e procedimentos da Autoridade, referentes à prospecção, exploração e aproveitamento na Área e à gestão financeira e administrativa interna da Autoridade, com prioridade aos nódulos polimetálicos.

São órgãos do Conselho a Comissão de Planejamento Econômico e a Comissão Jurídica e Técnica. Cada Comissão é composta de 15 membros eleitos pelo Conselho, entre os candidatos apresentados pelos Estados Partes (art. 163). A Comissão de Planejamento Econômico cuida de atividades mineiras, de gestão de atividades relacionadas com recursos minerais, de comércio internacional e de economia internacional. A Comissão Jurídica e Técnica trata da exploração e aproveitamento de minerais, de oceanografia, proteção do meio marinho e outros assuntos relativos à mineração oceânica (arts. 164 e 165).

O Secretariado compreende um Secretário Geral e o pessoal de que a Autoridade necessitar, com qualificação científica e técnica. O Secretário Geral é eleito pela Assembléia para um mandato de quatro anos, dentre os candidatos propostos pelo Conselho, podendo ser reeleito. É o mais alto funcionário administrativo da Autoridade (arts. 166 e 167). O Secretário Geral e o pessoal da Autoridade exercem funções de caráter internacional (art. 168), inclusive, em termos de cooperação com as organizações internacionais e não-governamentais reconhecidas pelo Conselho Econômico e Social da ONU (art. 169).

A Empresa (art. 170) é o órgão da Autoridade que realiza diretamente as atividades da Autoridade (exploração, aproveitamento, transporte, processamento e comercialização dos minerais extraídos da Área).

A Convenção também dispõe sobre os recursos financeiros, estatuto jurídico, privilégios e imunidades da Autoridade (arts. 171 a 185).

Os recursos financeiros compreendem as contribuições dos membros da Autoridade, as receitas da Autoridade provenientes das atividades na Área, os fundos transferidos da Empresa, empréstimos, contribuições e pagamentos efetuados a um fundo de compensação.

A Autoridade tem personalidade jurídica internacional, com capacidade jurídica para o exercício de suas funções e consecução de seus objetivos. A Autoridade, seus bens e haveres, gozam de imunidade de jurisdição e de execução (extensiva às pessoas ligadas à Autoridade), de imunidade de busca, requisição, confisco, expropriação ou de qualquer outra forma de detenção, de isenção de restrições, regulamentação, controle e moratórias, de inviolabilidade de arquivos, e de isenção de impostos e de direitos alfandegários. Tudo isso faz da Autoridade, enquanto administração supranacional das riquezas minerais dos fundos marinhos internacionais, um órgão poderoso do G-7, em termos político-estratégicos.

O Anexo IV da Convenção trata do Estatuto da Empresa (arts. 1 a 13). A Empresa, como órgão da Autoridade que realiza diretamente atividades na Área, atua de acordo com as normas, regulamentos e procedimentos da Autoridade, políticas gerais da Assembléia e diretrizes do Conselho.

A Empresa tem um Conselho de Administração, um Diretor Geral e o pessoal necessário ao exercício de suas funções. O Conselho de Administração é composto de 15 membros eleitos pela Assembléia, com base no princípio da distribuição geográfica eqüitativa, por quatro anos, podendo ser reeleitos. O *quorum* é constituído por dois terços dos membros do Conselho. Cada membro do Conselho dispõe de um voto, sendo as questões decididas por maioria dos seus membros. Os poderes e funções do Conselho incluem, *inter alia*, a eleição de seu presidente, a adoção de seu regulamento interno, a elaboração de planos de trabalho para a realização das atividades na Área, a aprovação do orçamento anual da Empresa, a apresentação de relatórios ao Conselho e a autorização para negociação relativas à aquisição de tecnologia. O Diretor Geral é o representante legal da Empresa e o seu chefe executivo, eleito por período de até cinco anos, podendo ser reeleito. O pessoal da Empresa é recrutado numa base geográfica eqüitativa.

A Empresa tem seu escritório na sede da Autoridade. Seus recursos financeiros incluem montantes recebidos da Autoridade, contribuições voluntárias dos Estados Partes, empréstimos por ela contraídos, receitas provenientes de suas operações e outros fundos postos a sua disposição.

Tem a Empresa o direito de propriedade sobre os minerais e substâncias processadas que produzir, sendo suas decisões baseadas exclusivamente em considerações de ordem comercial.

Nota-se, do exposto, a força decisória da Empresa e sua extrema vinculação com a Autoridade, quanto à efetivação das atividades na Área. Por isso, tem a Empresa capacidade jurídica para o exercício de suas funções e consecução de seus objetivos, em particular, para celebrar contratos e ajustes; adquirir, arrendar ou alugar, possuir e alienar bens móveis e imóveis; e ser parte em juízo. Seus bens e haveres gozam de imunidade de qualquer forma de arresto, embargo ou execução; de imunidade de requisição, confisco, expropriação ou outra forma de apreensão; e estão isentos de restrições, regulamentação, controle e moratórias discriminatórias de qualquer natureza. Por fim, pode a Empresa negociar a obtenção da isenção de impostos diretos e indiretos com os Estados em cujo território tenha escritórios e instalações.

O Anexo III da Convenção, sobre exploração, prospecção e aproveitamento da Área, coonesta o poder da Empresa e sua íntima vinculação com a Autoridade (arts. 1 a 22). A Autoridade fomentará a prospecção na Área, a qual, contudo, não confere ao prospector qualquer direito sobre os recursos. A Autoridade adota normas, procedimentos e regulamentos para as atividades na Área, ficando a ela assegurada a otimização das receitas provenientes da produção comercial. Tais normas, regulamentos e procedimentos compreendem operações que envolvem dimensão e renúncia de áreas, duração das operações, requisitos de execução, categorias de recursos, proteção do meio marinho e produção comercial. Os contratantes estão sujeitos às sanções monetárias impostas pela Autoridade. A transferência de direitos e deveres de um contrato depende exclusivamente do consentimento da Autoridade, cujas normas, regulamentos e procedimentos têm caráter decisório.

A exploração e aproveitamento da Área dependem de planos de trabalho aprovados pela Autoridade, a pedido da Empresa e dos outros atores citados no art. 153 da Convenção. Os requisitos para a qualificação dos interessados na sua exploração e aproveitamento incluem a aceitação do controle da Autoridade sobre todas as atividades na Área. Ao apresentar seus planos de trabalho, os interessados porão à disposição da Autoridade todas as informações tecnológicas pertinentes, inclusive, a tecnologia utilizada na realização das atividades na Área, a qual compreende equipamentos e conhecimentos técnicos, como manuais, instruções de funcionamento, assessoria e assistência técnica. A Autoridade, por fim, examinará os planos de trabalho propostos pelos interessados, que só atuarão nas áreas reservadas, se a Empresa não pretender realizar atividades nas mesmas.

Solução de controvérsias e pareceres consultivos

A Convenção enfatiza, para a solução de problemas, o papel de Câmara de Controvérsias dos Fundos Marinhos do Tribunal Internacional do Direito do Mar, com base no disposto na Parte XV e no Anexo VI (arts. 186 a 191 da Convenção).

A Parte XV elenca os meios para a solução de controvérsias: solução por meios pacíficos, inclusive, a conciliação; Tribunal Internacional do Direito do Mar; Tribunais Arbitrais; Tribunais Arbitrais Especiais; e a Corte Internacional de Justiça da ONU.

O Anexo VI estabelece o Estatuto do Tribunal Internacional do Direito do Mar, da seguinte forma: Organização; Jurisdição; Processo; Câmara de Controvérsias dos Fundos Marinhos; e Emendas.

A Câmara de Controvérsias dos Fundos Marinhos é competente para solucionar os seguintes impasses (art. 187):

a — entre Estados Partes, quanto a problemas de interpretação ou aplicação da Convenção referentes ao assunto;

b — entre Estados Partes e a Autoridade, quanto a atos ou omissões da Autoridade ou de um Estado Parte violadores das disposições da Convenção referentes à matéria, ou das normas, regulamentos e procedimentos da Autoridade adotados de conformidade com as mesmas disposições, e controvérsias relativas a atos da Autoridade que se alegue constituírem abuso ou desvio de poder;

c — entre partes num contrato (Estados Partes, Autoridade, Empresa, empresas estatais, pessoas físicas ou jurídicas) quanto à interpretação ou execução de contrato ou de plano de trabalho e quanto a atos ou omissões de uma parte, relacionados com atividades na Área, que afetem ou prejudiquem outra parte;

d — entre a Autoridade e um candidato a contratante, quanto a uma denegação de contrato ou a uma questão jurídica suscitada na negociação do contrato referente às atividades na Área, inclusive, em termos de exploração e aproveitamento (art. 153 da Convenção e Anexo III);

e — entre a Autoridade e um Estado Parte, uma empresa estatal ou uma pessoa física ou jurídica, quanto às atividades na Área, inclusive, em termos de exploração e aproveitamento (art. 153 da Convenção), em hipótese de responsabilidade por danos causados por ato ou omissão da Autoridade ou dos contratantes (Anexo III);

f — quaisquer outras controvérsias em que a jurisdição da Câmara esteja expressamente prevista na Convenção.

As controvérsias podem ser submetidas a uma Câmara Especial do Tribunal Internacional do Direito do Mar, a uma Câmara *ad hoc* da Câmara de Controvérsias dos Fundos Marinhos ou a uma Arbitragem Comercial Obrigatória. A Câmara de Controvérsias dos Fundos Marinhos emite pareceres consultivos sobre questões jurídicas, no âmbito de suas atividades, a pedido da Assembléia ou do Conselho (art. 191). É incompetente, porém, para se pronunciar sobre o exercício, pela Autoridade, de seus poderes discricionários, não podendo, por exemplo, declarar a invalidade das normas, regulamentos e procedimentos da Autoridade (art. 189).

Uma vez mais, observa-se a extraordinária força da Autoridade Internacional dos Fundos Marinhos, o que pode, subliminarmente, acarretar irreparáveis prejuízos a países em desenvolvimento, a despeito da ênfase teoricamente a estes concedida pela Convenção.

Acordo sobre a implementação da parte XI da Convenção/82

O Acordo sobre a Implementação da Parte XI da Convenção — documento conhecido como "Boat Paper" — alterou as funções da Autoridade, do Conselho e da Empresa, após consultas feitas às Partes Contratantes da Convenção pelo Secretariado da ONU, envolvendo problema dos custos, Conferências de Revisão, transferência de tecnologia, limitação de produção, fundo de compensação, problemas ambientais, etc, com ênfase ao poder de decisão do Conselho e da Empresa.

A Assembléia Geral da ONU, através da Resolução nº 48/263, de 28 de julho de 1994, aprovou o Acordo sobre a Implementação da Parte XI da Convenção. Acordo e Parte XI seriam aplicados como um só documento, conforme consta dos consideranda da citada Resolução, que, de maneira profundamente estratégica, estabeleceu que futuras ratificações, confirmações formais ou adesões à Convenção significariam aceitação do Acordo, e que qualquer aceitação do Acordo importaria em prévia aceitação da Convenção. É o que deduz do art. 2º do Acordo, onde suas disposições prevalecem sobre as da Convenção, além de seu art. 4º, 2, ao cogitar de um Estado obrigar-se pelo Acordo com manifestação simultânea de consentimento em obrigar-se pela Convenção, envolvendo não apenas os Estados-Partes, mas as próprias Organizações Internacionais (art. 8º) do Acordo e art. 305 da Convenção. Foi, sem dúvida, uma forma inteligente de atrair grandes potências à Convenção, inclusive, quatro membros do Big Five (EUA, Reino Unido, França c China), além da União Européia e de países do quilate do Japão, África do Sul, Itália e Alemanha, em termos de aplicação provisória. Na realidade, porém, os EUA não são partes da Convenção, como um todo (o que se debate, até hoje, no Senado norte-americano), o que não ocorre com a Rússia, Reino Unido, França e China.

O Acordo reforçou o papel da Autoridade, se examinarmos — e unirmos — os aspectos pontuais constantes das nove Seções do Anexo, em termos de custos, de planos de trabalho, políticas gerais (inclusive de produção), de assistência econômica e de cláusulas contratuais. A Autoridade é — e continua sendo — o órgão poderoso do G-7, com amplos poderes de organizar e de controlar as atividades na Área (Anexo, Secção 1, 1). Processa, por isso, os pedidos de aprovação dos planos de trabalho da Área, monitora o cumprimento desses planos, examina as tendências mercadológicas da Área, estuda o impacto potencial da produção mineral da Área sobre a economia dos Estados (inclusive, teoreticamente, dos países em desenvolvimento), adota normas e procedimentos para a proteção do meio ambiente marinho, promove a condução da pesquisa cientifica marinha, adota tecnologia próprias ao meio ambiente marinho, etc.

Além disso, prevê o Acordo que os Estados e Entidades, mesmo em caráter provisório, componham a Autoridade, com obrigações idênticas aos demais membros (permanentes), o que inclui a obrigação de contribuir para o orçamento administrativo da Autoridade e o direito de patrocinar solicitações de aprovação de planos de trabalho para exploração (Seção 12, c, i, ii). Uma vez mais, nota-se a ênfase concedida aos planos de trabalho para exploração da Área. Os operadores serão obviamente, representantes de países centrais, numa holding da qual auferirão lucro, em detrimento dos interesses dos países periféricos.

A Autoridade terá seu próprio orçamento (Seção L, 14) adotando normas, regulamentos e procedimentos (o que envolve teoria e prática), com ou sem a atuação do Conselho (Seção 1 14 e 15). Mesmo no caso de medidas tomadas pelo Conselho, em caráter sempre provisório, através de relatórios e recomendações, cabe à Autoridade a decisão final (Seção 1, 16). O Secretariado da Autoridade desempenhará, também, as funções da Empresa — até que a mesma opere diretamente — sob fiscalização da própria Autoridade, o que envolve uma série de medidas que, uma vez mais, corrobora a tese da sólida presença da Autoridade.

Aí estão, por exemplo, incluídas funções da mais alta importância, como o acompanhamento das atividades de mineração dos fundos marinhos; as condições do mercado de metais e seus preços; avaliação da condução da pesquisa científica marinha; controle do impacto ambiental; dados referentes á prospecção e exploração; avaliações tecnológicas; avaliação de informações; avaliação de modalidades para operações de empreendimentos conjuntos; estudos das opções de políticas de gestão, etc (Seção 2, 1). Em conseqüência, as políticas de decisão serão estabelecidas pela própria Autoridade, embora em colaboração com o Conselho, o que enfraqueceu a atuação da Assembléia, originariamente prevista como órgão supremo da Entidade, em princípio, por consenso, mas, também, por meio de votação prevista no Acordo (por exemplo, maioria de dois terços).

A política de produção da Autoridade se baseará nos seguintes itens: aproveitamento dos recursos da Área segundo princípios comerciais sólidos; em princípio, as atividades na Área não serão subsidiadas; não haverá acesso preferencial aos mercados para os minerais extraídos da Área; e os planos de trabalho obedecerão a cronogramas devidamente aprovados pela Autoridade. Além disso, consta (Seção 6) um conjunto de medidas para serem aplicadas em caso de solução de controvérsias, pelas partes, além da inclusão dos dispositivos do Acordo Geral sobre Tarifas e Comércio, seus correspondentes códigos e os acordos que o sucedam ou substituam quanto às atividades na Área. Como o Acordo é de 1994 e o GATT/94, também, temos, aí imbutidos, elementos concernentes a mercadorias (GATT), serviços (GATS), investimentos (TRIMS) e propriedade intelectual, inclusive patentes (TRIPS).

Vê-se, dessa forma, que a política de produção da Autoridade é ampla e abrangente (Seção 6), o que permite a assistência econômica (Seção 7) a países em desenvolvimento — pelo menos, teoricamente — através da criação de fundos de assistência, principalmente, no caso de serem suas economias seriamente afetadas pela exploração de minerais dos fundos marinhos. O alcance e a duração dessa assistência serão determinados em cada caso, o que uma vez mais comprova o interesse (e a hegemonia) dos países de economia cêntrica, em detrimento dos países emergentes. E mais: que a noção de patrimônio comum da humanidade foi grandemente modificada pelo Acordo, tendo em vista os termos da Convenção, sempre, agraciando o G-7 e prejudicando o G-77.

A Autoridade, finalmente, ainda exerce prerrogativas no tocante às cláusulas financeiras dos contratos relativos à exploração na Área — protegida, inclusive, por um Comitê de Finanças estabelecido pelo Acordo — quanto a sistema de pagamentos; quanto a taxas de pagamentos, mineração marinha, em equilíbrio com as taxas de pagamentos utilizadas na mineração terrestre; ausência de imposição de custos administrativos à Autoridade (e ao próprio contratante), o que enseja a adoção de um sistema de royalties e periódica revisão do sistema de pagamentos à luz das alterações das circunstâncias, de forma não-discriminatória, sempre de comum acordo entre Autoridade e contratante.

O Acordo, em seu Preâmbulo, reafirma os princípios político-jurídicos da Convenção, em termos de liberdade dos fundos marinhos, mas acabou por deturpar a nação de patrimônio comum da humanidade — a qual, de certa forma. Já demonstrara desequilíbrio entre "recursos" e "minerais" — no intuito de facilitar a participação universal na Convenção, o que também consta do Preâmbulo. Daí redundou o comprometimento de implementar a Parte XI da Convenção, em conformidade com o Acordo. Daí redundou, também, que as disposições do Acordo e da Parte XI seriam interpretadas e aplicadas (teoria e prática) conjuntamente como único instrumento, sendo que "em caso de qualquer inconsistência entre este Acordo e a Parte XI, as disposições deste Acordo prevalecerão" (Acordo, art. 2º).

Dois Documentos integram o Acordo. O primeiro (Texto) reafirma que Acordo e Convenção (Parte XI) constituem um só instrumento legal, prevalecendo às provisões do Acordo sobre as da Parte XI. Além disso, futuras ratificações ou adesões à Convenção importarão aceitação do Acordo, sendo que a aceitação da Convenção precederá à aceitação do Acordo. O segundo (Anexo) compõe-se de 9 Seções, incluindo custos, presente o poder de decisão da Autoridade — através da Empresa — sobre exploração e explotação dos recursos minerais da Área. Cogita, também, de um Comitê Financeiro, com vistas a contratos entre Autoridade e Estados; de transferência de tecnologia, inclusive, através de joint ventures; e da realização de uma Conferência de Revisão (art. 155 §§ I, 3 e 4).

O Acordo nos leva, ainda, às seguintes observações:

As disposições do Acordo e da Parte XI serão interpretadas e aplicadas conjuntamente como um único instrumento; em caso de inconsistência, prevalecerão as disposições do Acordo; os artigos 309 a 319 da Convenção (reservas, declarações, emendas, denúncia e depósito) aplicar-se-ão também ao Acordo; após o Acordo, qualquer consentimento em obrigar-se à Convenção representará, também, consentimento em obrigar-se pelo Acordo; a manifestação de consentimento ocorrerá por mera assinatura, envolvendo Estados e Organizações; válida é a aplicação provisória do Acordo, tanto por Estados, como por Organizações; a manifestação de consentimento em obrigar-se pelo Acordo só será válida com a manifestação do consentimento em obrigar-se pela Convenção, e a entrada em vigor do Acordo, após 40 manifestações de consentimento, enfatiza a presença de Estados desenvolvidos, precisamente pelo fato de que os mesmos não haviam assinado e/ou ratificado a Convenção.

Analisando o Acordo, Enrico Romanielo, fez, entre outras, as seguintes constatações:

- As mudanças propostas pelo Acordo incidem sobre o princípio de patrimônio comum da humanidade e sobre a questão do desenvolvimento, favorecendo, a meu ver, os interesses financeiros dos países centrais.

- Houve mudança no processo decisório no âmbito dos órgãos da Autoridade, pois a Assembléia, prevista como órgão supremo, se enfraqueceu em relação ao Conselho.

- O Conselho também foi objeto de modificação, em face da alteração em sua estrutura, composta de duas Câmaras, com dilatação de seu âmbito de ação, envolvendo matérias orçamentárias, administrativas e financeiras.

- Houve enfraquecimento da Empresa, que só poderá atuar mediante joint ventures.

- A transferência de tecnologia deixou de ser obrigatória, enfraquecendo os países periféricos e fortalecendo, uma vez mais, os países centrais.

Observa-se, pois, uma vez mais, que os interesses dos países de economia cêntrica foram colocados em primeiro plano, em detrimento dos interesses dos países periféricos. Além disso — e em conseqüência — enfraquecem os interesses da Humanidade, como um todo, como adverte a Professora Georgette Nacarato Nazo, independente da situação geográfica dos Estados, quer costeiros, quer sem litoral, ao lado da ausência de projetos ou de programas sobre as riquezas existentes nos "fundos marinhos e oceânicos e o seu subsolo para além dos limites da jurisdição nacional". Sobre tais projetos ou programas, ela observa, também, a necessidade de respeitar o meio ambiente marinho, seja na Área, seja nos outros espaços equóreos: "Para que se obtenha um gerenciamento adequado a cada um dos espaços oceânicos, é importante que a iniciativa privada preste colaboração, tal como vem ocorrendo com as Universidades e Institutos de Pesquisas, de sorte a conseguir-se tecnologias mais avançadas para os estudos e pesquisas, tecnologias estas menos invasivas ao meio ambiente marinho".

13 — Meio Ambiente Marinho

A Parte XII da Convenção trata da Proteção e Preservação do Meio Marinho. Melhor seria falar-se em conservação (ao invés de preservação), pois a Convenção, como um todo e, especialmente, sua Parte XI (A Área), normatiza sobre aproveitamento de recursos, investigação científica e transferência de tecnologia.

De acordo com os termos da Convenção, os principais tópicos são os seguintes: cooperação; assistência técnica; controle sistemático e avaliação ecológica; regras internacionais e legislação nacional para prevenir, reduzir e controlar a solução ao meio marinho; execução de regras internacionais e nacionais; garantias e responsabilidade (arts. 192 a 237).

Os Estados têm o dever de proteger e de preservar (conservar) o meio marinho e o direito de soberania para aproveitar seus recursos naturais. Têm, ainda, o dever de não transferir danos ou riscos de uma zona para outra, ao adotar medidas para prevenir, reduzir e controlar a poluição do meio marinho, inclusive, as resultantes da utilização de tecnologias sob seu controle.

Tais medidas referem-se a todas as fontes de poluição do meio marinho, incluindo, *inter alia*, as destinadas a reduzir, tanto quanto possível, a emissão de substâncias tóxicas provenientes de fontes terrestres, da atmosfera ou por alijamento; a poluição proveniente de embarcações; a poluição decorrente de instalações e dispositivos utilizados na exploração ou aproveitamento dos recursos naturais do leito do mar e do seu subsolo; e a poluição proveniente de outras instalações e dispositivos que funcionem no meio marinho.

Cooperação

Trata a Convenção da cooperação no plano mundial e regional, pelos Estados, diretamente, ou por meio de organizações internacionais, tanto em termos teóricos, como práticos, com vistas à proteção do meio marinho. Cita, por exemplo, a notificação de danos iminentes ou reais, por poluição, a Estados ou organizações, por um Estado que tenha conhecimento do fato. Em conseqüência, os Estados, diretamente ou através das organizações, promoverão estudos, programas de investigação e troca de informações e dados relativos à poluição.

A Conferência sobre Proteção do Meio Ambiente das Atividades Terrestres, do ACOPS — Comitê Consultivo sobre Proteção do Mar (*Advisory Commitee on Protection of the Sea*), de junho de 1995, no Rio de Janeiro, apresentou Recomendações de caráter institucional e financeiro, enfatizando a cooperação internacional, com base no princípio *"of common but differentiated responsabilities"*. Esse princípio fundamenta-se na Convenção da Jamaica/82 e na Agenda 21, da Conferência das Nações Unidas sobre Meio

Ambiente e Desenvolvimento (Rio de Janeiro, 1992), graças aos esforços do PNUMA. Tais Recomendações levam em conta instituições regionais e nacionais, adequada legislação global, fundos, incentivos e outros mecanismos.

A Conferência do ACOPS — a que precedeu a Conferência de Reykjavik, de março/95, com vistas à Conferência de Washington, de novembro/95 — analisou a poluição marinha no Atlântico Sudoeste, através da contribuição do PNUMA da OMI, da FAO, da UNESCO, da OMS e da AIEA. Com base em tal contribuição, o GESAMP (Grupo de Peritos sobre Aspectos Científicos da Proteção do Meio Marinho) apresentou Relatório sobre a degradação do meio ambiente, decorrente do turismo e das grandes concentrações humanas nas regiões costeiras, advindo a solução de uma efetiva cooperação, por meio de práticas integradas de gerenciamento, isto é, do uso racional de referidas reuniões, conforme o Capítulo 17 da Agenda 21, segundo o qual, 70% da contaminação marinha advêm de fontes poluentes terrestres. A citada Reunião de Washington conclamou todos os países a negociar um acordo global restringindo a disseminação de poluentes orgânicos persistentes, através de suas políticas nacionais.

O Relatório do GESAMP cogita do fortalecimento da cooperação levando em conta atividades relacionadas à poluição marinha decorrentes de fontes terrestres, erosões costeiras e proteção da biodiversidade marinha, com base em informações técnico-científicas e projetos (isolados ou grupais) dos Estados e das organizações, a fim de alcançar o desenvolvimento auto-sustentável do meio ambiente marinho. Neste particular, o PNUMA, com a colaboração da FAO e da UNESCO, realizou Encontros sobre biodiversidade marinha (Tamandaré, Brasil, Outubro/94), sobre gerenciamento integrado das zonas costeiras (Montevidéu,

Uruguai, novembro/94) e sobre modalidades de cooperação entre Brasil, Argentina e Uruguai com o próprio PNUMA, para proteção do meio marinho e costeiro (Brasília, março/95).

O Painel do Atlântico Sudoeste da Conferência do ACOPS recomendou o desenvolvimento de atividades regionais e internacionais, com vistas à transferência de tecnologia e à assistência técnico-financeira. Recomendou, também, o desenvolvimento de ações de cooperação técnica, financeira e científica entre a União Européia e o MERCOSUL.

A Conferência do ACOPS tratou, igualmente, do problema ambiental do Mar Negro, conforme a Convenção para a Proteção Contra a Poluição (Bucareste, 1992), a Declaração de Odessa (1992) e o Programa Ambiental 1993/1996, este, através de investimentos da União Européia e da OTAN. Esses atos internacionais cuidam da cooperação ambiental regional, através de investimentos associados e de políticas pragmáticas. Por isso, em 1993, formou-se a Cooperação Econômica para o Mar Negro — *Black Sea Economic Cooperation* (BSEC), pelos países costeiros interessados (Albânia, Grécia, Armênia, etc), a qual ensejou negociações para uma nova Convenção sobre Pesca, para a região.

Outro documento debatido no ACOPS foi o Plano de Ação para a Prestação do Meio Marinho e Áreas Costeiras do Pacífico Sudeste, da Comissão Permanente do Pacífico Sul (CPPS), do PNUMA, sobre a posição regional do programa de ação global para a proteção do meio marinho das atividades terrestres (Lima, Peru, fevereiro/94). A Agenda da Reunião inclui a cooperação e a revisão das Diretrizes de Montreal, de junho/94, para a Proteção do Meio Marinho contra a Contaminação Procedente de Fontes Terrestres.

O documento final foi utilizado na Reunião de Peritos Governamentais, de março de 1995, em Reykjavik, Islândia, sobre o assunto, cogitando, inclusive, de um mecanismo para a cooperação Norte-Sul. A cooperação é item prioritário, ao lado dos mecanismos para alcançar recursos financeiros, da troca de informações e da legislação relacionada com o meio marinho. A cooperação é de caráter científico-tecnológico, efetivando-se, no plano regional, através de centros de comunicação com o núcleo de troca de informações, pela criação de centros regionais de investigação e de avaliação (inclusive, costeira) e pela negociação de novos convênios regionais. As áreas de cooperação internacional compreendem medidas financeiras e tecnológicas, nos planos regional, nacional e global, *inter alia*, quanto às águas residuais, contaminantes orgânicos, radioatividade, metais, nutrientes e sedimentação.

O Comitê Legal do ACOPS apresentou, no evento do Rio, um "Paper" sobre os aspectos legais, institucionais e financeiros do problema, reportando-se à ECO/92 e à Convenção da Jamaica. Detém-se, esta, sobre a poluição de origem terrestre (*land based sources of pollution*). Como os problemas equóreos estão inter-relacionados, todas as zonas marítimas são consideradas, com vistas ao bem-estar geral. Daí a necessidade dos Estados cooperarem na elaboração de normas e procedimentos para a proteção do meio marinho (arts. 192, 194, 195 e 197), inclusive, por meio de programas de assistência científica, educacional e técnica para países em desenvolvimento (arts. 202 e 203). A ECO/92 fala na responsabilidade ambiental baseada no princípio do "interesse comum da Humanidade"(*common concern of Mankind*) e na cooperação baseada no conceito de "responsabilidade comum, porém, diferenciada" (*common but differentiated responsability*), incluindo, esta países centrais e periféricos e organismos como o BIRD. É que a Convenção da Jamaica cogita de um tratamento preferencial, pelas organizações, aos Estados em desenvolvimento, quanto à distribuição de fundos, o que é reforçado pelo Capítulo 17 da Agenda 21, no meio marinho.

No aspecto institucional, temos programas governamentais, intergovernamentais e não-governamentais, porque, sendo a poluição um problema global, exige efetiva cooperação nos planos internacional, regional e nacional, através de instituições de implementação de programas de ação, da revisão de acordos de inspetores ambientais e de sanções administrativas e/ou judiciais. Daí o estabelecimento, no plano financeiro, de fontes globais de financiamento (*trust funds, global interest funds*, etc.).

Válida é a ênfase dada pelas Recomendações do ACOPS à cooperação, desde que os princípios de interesse comum e de responsabilidade comum respeitem a soberania dos Estados. É verdade que a Convenção da Jamaica dispõe que a Área e seus recursos são patrimônio comum da Humanidade (art. 136). Contudo, os recursos dela extraídos (os minerais — art. 133, b) só serão alienados com autorização da Autoridade Internacional dos Fundos Marinhos (art. 137, 2), e o Conselho, órgão executivo da Autoridade (arts. 161 e 162), detém grandes poderes políticos e estratégicos, por suas vinculações com o G-7, o que pode trazer consequências negativas aos países periféricos.

Assistência técnica

Os Estados, diretamente ou por intermédio das organizações, prestarão assistência científica e técnica aos países em desenvolvimento, através de:

a — programas de assistência para a proteção do meio marinho e prevenção, redução e controle da poluição marinha. Tal assistência dependerá da formação de pessoal científico e técnico e de sua participação em programas internacionais; de novos equipamentos; do fornecimento de serviços de assessoria, etc.

b — uma assistência especial para minimizar os efeitos dos acidentes que provoquem uma grave poluição e no que se refere à preparação de avaliações ecológicas.

Tal o papel a ser representado pelos Estados, por si ou por meio de organizações internacionais (art. 202). Quando a Convenção cogita, entretanto, de um tratamento preferencial aos países em desenvolvimento, em termos de prevenção, redução e controle da poluição do meio marinho, não menciona os Estados, mas, apenas, as organizações internacionais, quanto à distribuição de fundos e assistência técnica e utilização dos seus serviços especializados (art. 203).

A expressão "organizações internacionais" é utilizada de acordo com o art. 305, f, da Convenção e do art. 1º do Anexo IX: "uma organização intergovernamental constituída por Estados, à qual os seus Estados membros tenham transferido competência em matérias regidas pela presente Convenção, incluindo a competência para concluir tratados relativos a essas matérias", o que exclui outras organizações, inclusive, as não-governamentais (ONG's). Mesmo assim, os países do Terceiro Mundo deverão lutar, de forma coesa, por seus interesses, para evitar normas dúbias, emanadas das organizações internacionais, a exemplo do que ocorreu com a Resolução nº 44/228-69, da Assembléia Geral da ONU, que norteou a ECO-92, quanto à criação de fundos especiais para os países em desenvolvimento.

Controle sistemático e avaliação ecológica

Trata-se, aqui, do controle dos riscos ou dos efeitos da poluição, da publicação de relatórios e da avaliação ecológica dos efeitos potenciais de atividades no meio marinho. Os Estados, isoladamente ou através de organizações internacionais, respeitados os direitos dos outros Estados, deverão observar, medir, avaliar e analisar os riscos ou efeitos da poluição no meio marinho. Daí a publicação de relatórios sobre a matéria, tanto *ex post*, como *ex ante*, isto é, levando em conta fatos já ocorridos e os efeitos potenciais de atividades projetadas sob sua jurisdição ou controle.

Execução de regras internacionais e nacionais

Trata-se, aqui, da adoção e execução de leis internacionais e nacionais para prevenir, reduzir e controlar a poluição no meio marinho. A Convenção enumera hipóteses de poluição de origem terrestre, de poluição proveniente de atividades relativas aos fundos marinhos sob jurisdição nacional, de poluição proveniente de atividades na Área, de poluição por alijamento, de poluição proveniente de embarcações e de poluição proveniente da atmosfera ou através dela (arts. 207 a 222).

Os Estados adotarão normas e práticas, de caráter mundial e regional, para prevenir, reduzir e controlar a poluição de origem terrestre, conforme as características de cada região, sujeitas a reexame periódico. Os Estados se comprometem a assegurar a execução de suas leis e regulamentos sobre a matéria. O ACOPS (Comitê Consultivo sobre Proteção do Mar) tem realizado Encontros sobre a proteção do meio ambiente das atividades terrestres, apresentando recomendações de caráter institucional e financeiro, a exemplo das Conferências de Reykjavik (março/95), Rio de Janeiro (junho/95) e Washington (novembro/95), conforme mencionado.

Os Estados adotarão normas e práticas semelhantes para prevenir, reduzir e controlar a poluição do meio marinho proveniente de atividades relativas aos fundos marinhos sob jurisdição nacional (plataforma continental) ou de atividades na Área. Na plataforma, quanto a ilhas artificiais, instalações e estruturas sob sua jurisdição, e na Área, quanto a embarcações, instalações e estruturas que arvorem sua bandeira ou estejam registradas no seu território ou operem sob sua autoridade.

Os Estados adotarão idênticas medidas quanto à poluição por alijamento, que, de acordo com o art. 1º, 5 da Convenção, significa qualquer lançamento ou afundamento deliberado no mar de detritos e de outras matérias, por embarcações, aeronaves, plataforma ou outras construções. O alijamento no mar territorial, na zona econômica exclusiva e na plataforma continental do Estado costeiro só se realizará com o seu consentimento prévio e expresso. As leis nacionais e internacionais quanto à poluição por alijamento serão executadas pelo Estado costeiro quanto ao alijamento no seu mar territorial, na sua zona econômica exclusiva ou na sua plataforma continental; pelo Estado de bandeira, quanto a embarcações que arvorem sua bandeira ou às embarcações ou aeronaves registradas no seu território; e por qualquer Estado quanto a atos de carga de detritos ou de outras matérias realizados no seu território ou nos seus terminais ao largo da costa.

Idêntico raciocínio será aplicado à poluição proveniente de embarcações ou da atmosfera, em termos de execução, no tocante a leis e regulamentos internos e a regras e normas internacionais. Daí advém a responsabilidade dos Estados por perdas ou danos, decorrente de tais medidas de execução, quando as mesmas forem ilegais ou excederem o razoavelmente necessário à luz das informações disponíveis (arts. 232, 235 e 237). Essa responsabilidade compreende, também, os danos resultantes da investigação científica marinha, pelos Estados e pelas organizações (art. 263, 3).

Garantias e responsabilidade

A Convenção prevê, como medidas para facilitar os procedimentos, a audiência de testemunhas e a apresentação de provas, em geral, por Estados e organizações. Admite, também, o exercício, pelos Estados, de seu Poder de Polícia em relação a embarcações estrangeiras, resguardada a segurança da navegação, respeitada a imunidade soberana dos Estados, o que exclui medidas contra navios de guerra, embarcações auxiliares ou aeronaves utilizadas em serviço governamental. Os Estados não devem fazer qualquer discriminação, de direito ou de fato, quanto às embarcações de outros Estados.

A investigação sobre embarcações estrangeiras obedece aos parâmetros traçados pela Convenção:

a — a execução referente à poluição por alijamento pode advir do Estado costeiro, do Estado de bandeira ou de qualquer Estado, respectivamente, se o fato ocorrer no seu mar territorial, na sua zona econômica exclusiva ou na sua plataforma continental; no que se refere a embarcações que arvorem sua bandeira; e quanto a atos de carga de detritos realizados no seu território ou nos terminais ao largo de sua costa (art. 216).

b — a execução pelo Estado do porto terá lugar em três casos: quanto a investigações e procedimentos relativos a descarga ilegal procedente de embarcações realizadas fora de suas águas internas, de seu mar territorial ou de sua zona econômica exclusiva. Se o fato ocorreu nas águas territoriais ou na ZEE de outro Estado, o procedimento dependerá da autorização desse Estado, de outro Estado prejudicado ou do Estado de bandeira. O Estado do porto atenderá às solicitações de qualquer Estado quanto à investigação de infração de descarga nas águas territoriais e na ZEE do Estado solicitante (art. 218).

c — a execução pelo Estado costeiro ocorre quando uma embarcação, no seu porto, realiza procedimentos quanto a infrações cometidas no seu mar territorial ou na sua ZEE. Idem, quanto a infrações decorrentes da passagem por seu mar territorial, podendo o Estado costeiro inspecionar a embarcação e detê-la. Se a violação foi na sua ZEE, o Estado costeiro pode exigir informações. No caso de recusa ou de informações contraditórias, pode proceder à inspeção material da embarcação e, inclusive, a sua detenção (art. 220).

Regra geral, a investigação sobre embarcações estrangeiras caracteriza-se pela inspeção material dos seus registros e certificados. Só se justifica uma inspeção material mais pormenorizada no caso de sérios indícios de que a condição da embarcação ou do seu equipamento não coincide com a realidade, na hipótese de insuficiência documental ou se a embarcação não possuir registros ou certificados válidos.

A Convenção admite a Ação de Responsabilidade Civil por perdas ou danos causados pela poluição do meio marinho. Admite, também, a imposição de penas pecuniárias no caso de infração a leis internas e internacionais sobre poluição do meio marinho, proveniente de embarcações estrangeiras no mar territorial e além do mar territorial. A imposição de sanções respeitará os direitos reconhecidos dos acusados.

14 — Ciência e Tecnologia

A Convenção trata de Ciência e Tecnologia em suas Partes XIII (Investigação Científica Marinha) e em sua Parte XIV (Desenvolvimento e Transferência de Tecnologia Marinha).

A Investigação Científica Marinha compreende: Cooperação Internacional; Realização e Promoção da Investigação; Instalações e Equipamento ao Meio Marinho; Responsabilidade; Solução de Controvérsias e Medidas Provisórias (arts. 238 a 265).

O Desenvolvimento e Transferência de Tecnologia Marinha compreende: Cooperação Internacional; Centros Nacionais e Regionais de Investigação Científica e Tecnológica Marinha (arts. 266 a 278).

A — Investigação científica marinha

Todos os Estados e organizações têm o direito de realizar investigação científica marinha, respeitados os direitos dos outros Estados e organizações. As atividades de investigação científica marinha não constituem fundamento jurídico para reivindicação de qualquer parte do meio marinho ou de seus recursos.

Os princípios gerais para a realização da investigação são os seguintes: fins exclusivamente pacíficos; efetivação através de métodos e meios científicos compatíveis com a Convenção; não interferência com outras utilizações legítimas do mar; e respeito à proteção do meio marinho.

Cooperação Internacional

A cooperação internacional, através dos Estados e organizações, respeitará a soberania estatal e promoverá a investigação para fins exclusivamente pacíficos, através de informações para prevenir e controlar danos à saúde e à segurança das pessoas e ao meio marinho. Por isso, criarão condições favoráveis à investigação científica marinha, por meio de acordos bilaterais e multilaterais.

Os Estados e as organizações cuidarão da publicação e difusão de informações e conhecimentos sobre os principais programas propostos e seus objetivos. Os Estados em desenvolvimento deverão receber tratamento especial, por meio de programas de formação e treino ao seu pessoal técnico e científico.

Realização e promoção da investigação científica marinha

A Convenção detém-se, aqui, sobre a investigação científica no mar territorial, na ZEE, na plataforma continental, na Área e no alto-mar.

No mar territorial, os Estados costeiros têm o direito exclusivo de regulamentar, autorizar e realizar investigação científica marinha. Se não o fizerem, diretamente, outros Estados só poderão fazê-lo com seu consentimento expresso e nas condições que estabelecerem, como decorrência de sua soberania.

Os Estados costeiros, no exercício de sua jurisdição, têm o direito de regulamentar, autorizar e realizar investigação científica marinha na sua ZEE e na sua plataforma. Se não o fizerem diretamente, outros estados e organizações poderão fazê-lo, com o seu consentimento, para fins pacíficos e em benefício da Humanidade. Há recusa do Estado costeiro se o projeto de outro Estado ou de uma organização influenciar, diretamente, na exploração e aproveitamento dos recursos naturais, vivos ou não vivos; implicar perfurações na plataforma, a utilização de explosivos ou a introdução de substâncias nocivas ao meio marinho; e objetivar a criação de ilhas artificiais ou de outras instalações e estruturas. Os Estados e organizações que realizem esse tipo de investigação têm o dever de prestar informações ao Estado costeiro sobre a natureza e objetivos do projeto, o método e meios a utilizar, as áreas geográficas onde o projeto se vai realizar, a qualificação da instituição patrocinadora, etc. Têm, ainda, o dever de suprir certas condições, *inter alia*, de garantir a participação do Estado costeiro, de lhe fornecer relatórios preliminares e conclusões finais e de lhe informar sobre eventuais mudanças no programa de investigação. O Estado costeiro tem o direito de exigir a suspensão ou cessação de tais atividades, se esses requisitos forem desrespeitados.

A investigação científica marinha na Área poderá ser efetivada por todos os Estados, independente de sua situação geográfica, e pelas organizações internacionais competentes. O mesmo ocorre na coluna de água além dos limites da ZEE, isto é, no alto-mar.

Instalações e equipamento de investigação científica no meio marinho

A colocação e utilização de instalações e equipamento de investigação são legais, mas não têm o estatuto jurídico de ilhas, não possuindo, pois, mar territorial. Sua presença não afeta a delimitação do mar territorial, da ZEE e da plataforma continental do Estado costeiro. Em volta dessas instalações, porém, podem ser estabelecidas zonas de segurança de largura razoável, que não excedam uma distância de 500 metros.

A colocação e utilização de qualquer tipo de instalações ou equipamento não interferirá nas rotas de navegação internacional. Por isso, possuirão marcas de identificação e sinais de aviso, para garantir a segurança no mar e a segurança da navegação aérea.

Responsabilidade

Os Estados e organizações são responsáveis por seus atos, devendo pagar indenizações pelos danos que causarem, com base nas normas internacionais e internas sobre a matéria, como resultado da investigação científica marinha realizada por eles, diretamente, ou em seu nome.

Solução de controvérsias e medidas provisórias

As controvérsias quanto à interpretação ou aplicação das disposições referentes à investigação científica marinha serão solucionadas de acordo com a Parte XV da Convenção, isto é, pelas próprias Partes ou através do Tribunal Internacional do Direito do Mar, dos Tribunais Arbitrais, dos Tribunais Arbitrais Especiais e da Corte Internacional de Justiça.

Enquanto não houver solução para a controvérsia, os Estados e as organizações autorizadores do projeto não permitirão que se iniciem ou continuem as atividades de investigação, sem o consentimento expresso do Estado costeiro.

B — Desenvolvimento e Transferência de Tecnologia Marinha

Os Estados, diretamente ou através das organizações internacionais, devem promover o desenvolvimento e a transferência de tecnologia marinha a todos os Estados que solicitem assistência técnica nesse domínio; aos países em desenvolvimento, incluindo países sem litoral e em situação geográfica desfavorecida, quanto à exploração, aproveitamento, conservação e gestão dos recursos marinhos; à proteção do meio marinho; e à investigação científica marinha.

Como objetivos fundamentais, no setor, temos: a aquisição, avaliação e divulgação de conhecimentos de tecnologia marinha; facilitação do acesso a informação; o desenvolvimento de tecnologia marinha apropriada; uma infra-estrutura tecnológica que facilite a transferência de tecnologia; o desenvolvimento de recursos humanos pela formação e ensino; e a cooperação internacional. As medidas para atingir esses objetivos deverão, *inter alia*, estabelecer programas de cooperação técnica; promover condições favoráveis à conclusão de acordos, contratos e outros ajustes; realizar conferências, seminários e simpósios sobre a temática; e promover o intercâmbio de cientistas e peritos em tecnologia.

Cooperação internacional

As formas de cooperação internacional compreendem programas bilaterais, regionais ou multilaterais existentes, programas ampliados e novos programas. Daí a promoção, pelos Estados, diretamente ou através de organizações, de diretrizes, critérios e normas, tendo em conta os interesses de todos os Estados e dos países em desenvolvimento. A Convenção vincula os interesses dos países em desenvolvimento à Autoridade Internacional dos Fundos Marinhos, cujos objetivos são o aproveitamento dos nacionais desses países em estágios; e contacto desses países com a documentação técnica relativa ao equipamento, maquinaria, dispositivos e processos pertinentes; a formação profissional, por elementos desses Estados; e assistência técnica a esses países na aquisição de equipamentos e instalações. As organizações, por sua vez, manterão estreita cooperação entre si, sobre desenvolvimento e transferência de tecnologia marinha.

Centros nacionais e regionais de investigação científica e tecnológica marinha

Uma vez mais, a Convenção liga os interesses dos países em desenvolvimento à Autoridade. É o que se nota no estabelecimento de centros nacionais de investigação científica e tecnológica marinha. Tal estabelecimento advirá dos Estados, diretamente, ou através de organizações internacionais e da Autoridade, através do fornecimento de serviços de formação avançada, de conhecimentos práticos e de peritos técnicos. O mesmo ocorre quanto ao estabelecimento de centros regionais, cujas funções compreendem programas de formação e ensino em todos os níveis; estudos de gestão; programas de estudos para a proteção do meio marinho; organização de conferências, seminários e simpósios regionais; processamento de dados e informações sobre ciência e tecnologia marinhas; disseminação imediata dos resultados da investigação científica e tecnológica; divulgação das políticas nacionais sobre transferência de tecnologia marinha; compilação e sistematização de informações sobre comercialização de tecnologia e ajustes relativos a patentes.

15 — Solução de Controvérsias

Procedimentos

A Convenção da ONU sobre o Direito do Mar/82, em sua Parte XV, trata da Solução de Controvérsias (arts. 279 a 299).

Na Seção 1, os Estados Partes deverão solucionar qualquer controvérsia relativa à interpretação ou aplicação da Convenção por meios pacíficos, os indicados no art. 33 da Carta da ONU (negociação, conciliação, etc.). Nenhuma das disposições da Convenção prejudica, entretanto, o direito dos Estados Partes de acordarem na solução de uma controvérsia por outros meios pacíficos de sua própria escolha. Os procedimentos previstos na Convenção só serão aplicados se as partes não tiverem alcançado uma solução amigável. Se tiverem firmado acordos bilaterais, regionais ou gerais sobre a matéria, tal procedimento será preferencialmente aplicado, sempre presente a troca de opinião, entre as partes, sobre a controvérsia.

A Convenção enfatiza o papel da conciliação na solução de uma controvérsia (art. 284 e Anexo V). Para tal, o Secretário Geral da ONU mantém uma lista de conciliadores, que servirá de base para a constituição da Comissão de

Conciliação, composta de cinco membros. A Comissão de Conciliação determina seu próprio procedimento, ouvindo as partes e examinando suas pretensões e objeções, a que se segue um relatório final, cujas recomendações extinguem o procedimento de conciliação.

Na Secção 2, a Convenção prevê procedimentos compulsórios conducentes a decisões obrigatórias. Trata-se do Tribunal Internacional do Direito do Mar, da Corte Internacional de Justiça da ONU, de um Tribunal Arbitral e de Tribunais Arbitrais Especiais. Essas Cortes e esses Tribunais terão plena jurisdição sobre qualquer controvérsia relativa à interpretação ou aplicação da Convenção (art. 287).

O Anexo VI da Convenção traz o Estatuto do Tribunal Internacional do Direito do Mar, com sede em Hamburgo. O Tribunal é composto de 21 membros, com base na representação dos principais sistemas jurídicos do mundo, numa distribuição geográfica e eqüitativa. O Tribunal conta com uma Câmara de Controvérsias dos Fundos Marinhos, competente para solucionar controvérsias entre Estados Partes, entre Estados Partes e à Autoridade Internacional dos Fundos Marinhos e entre partes num contrato, referentes a todas as questões que lhe sejam submetidas nos termos da Convenção. O Tribunal pode constituir Câmaras Especiais para conhecer de determinadas categorias de controvérsias.

A Convenção prevê a atuação de peritos e a efetivação de medidas provisórias. O direito aplicável será o constante da Convenção e em outras normas de Direito Internacional com ela compatíveis, o que não afasta a decisão do caso pela eqüidade. A decisão será definitiva, para todas as partes na controvérsia.

Conforme Vicente Marotta Rangel, Ilustre Membro do Tribunal, nos dez anos de sua existência, "quinze casos foram a ele submetidos, dos quais onze se referem a navios, três concernem a medidas provisórias (artigo 290), um se encontra ainda pendente (Chile *versus* Comunidades Econômica Européia acerca da pesca do peixe espada). Dos casos atinentes a navios, dez dizem respeito ao processo de "pronta libertação das embarcações e das suas tripulações" (artigo 292) e apenas um ensejou o exame do mérito da controvérsia, caso do navio 'Saiga (entre São Vicente e Grenadinas *versus* Guiné)".

O Tribunal Arbitral (Anexo VII) é constituído através de uma lista de árbitros elaborada pelo Secretário Geral da ONU e composto de cinco membros. O Laudo Arbitral é definitivo, limitando-se ao objeto da controvérsia, podendo as partes acordar num procedimento de apelação. A Arbitragem Especial (Anexo VIII) aplica-se a problemas de pesca, à proteção e preservação do meio marinho, à investigação científica marinha e à navegação, incluindo a poluição proveniente de embarcação e por alijamento. A lista de peritos advém, por esse motivo, da FAO, do PNUMA o da OMI. O Tribunal Arbitral também é composto de cinco membros.

A atuação da Corte Internacional de Justiça obedece aos termos da Carta da ONU e do Estatuto do Órgão.

Os Estados poderão transferir competência às Organizações Internacionais em matérias regidas pela Convenção (Anexo IX).

Na Secção 3, a Convenção dispõe sobre limites e exceções à aplicação da Secção 2, o que enfraquece a escolha dos procedimentos compulsórios conducentes a decisões obrigatórias. O art. 297 trata dos limites e o art. 298, das exceções.

Quanto aos limites, temos o seguinte:

1 — As controvérsias quanto ao exercício, por um Estado costeiro, dos seus direitos soberanos só serão submetidas aos referidos procedimentos compulsórios, no caso de violação às liberdades e direitos de navegação ou de sobrevôo ou à liberdade e ao direito de colocação de cabos e dutos submarinos; se, ao exercer tais liberdades e direitos, o Estado violar normas internacionais ou internas sobre a matéria; e na hipótese de violação, pelo Estado costeiro, de normas internacionais sobre proteção do meio ambiente marinho.

2 — As controvérsias concernentes à investigação científica marinha não serão submetidas àqueles procedimentos compulsórios, se suscitada pelo exercício, pelo Estado costeiro, de um poder discricionário, de conformidade com o art. 246 (investigação científica marinha na ZEE ou na plataforma) ou pela decisão do Estado costeiro de ordenar a suspensão ou a cessação de um projeto de investigação, conforme o art. 253 (as ZEE ou na plataforma), hipóteses em que se adotará o procedimento de conciliação.

3 — As controvérsias concernentes à pesca admitem a ressalva de que o Estado costeiro não é obrigado a submeter aos procedimentos de solução, seus direitos soberanos referentes aos recursos vivos de sua ZEE e o exercício desses direitos, inclusive, o de fixar a captura permissível, sua capacidade de captura e a atribuição dos excedentes a outros Estados. Aplicar-se-á, porém, o procedimento de conciliação, se o Estado costeiro não tiver zelado pela manutenção dos recursos vivos de sua ZEE; se, arbitrariamente, se recusou a fixar, a pedido de outro Estado, sua capacidade de captura ou a captura permissível; ou se, arbitrariamente, recusou-se a atribuir a outro Estado, nos termos dos arts. 62 (utilização dos recursos vivos da ZEE), 69 (direitos

dos países sem litoral, na ZEE) e 70(direitos dos países geograficamente desfavorecidos, na ZEE), a totalidade ou parte do excedente que tenha declarado existir em sua ZEE.

Quanto às exceções, temos o seguinte:

Um Estado pode recusar um procedimento compulsório, sem prejuízo do procedimento de conciliação, nas controvérsias referentes à delimitação de zonas marítimas, às baías ou títulos históricos (arts. 15, 74 e 83: respectivamente, delimitação de mar territorial, ZEE e plataforma, de Estados com costas adjacentes ou situadas frente a frente). A recusa também é válida nas controvérsias relativas a atividades militares, inclusive, a de embarcações e aeronaves utilizadas em serviços não comerciais e nas controvérsias a respeito das quais o Conselho de Segurança da ONU estiver exercendo suas funções.

O Estado emite sua decisão através de declaração, a qual, a qualquer momento, pode ser retirada. Tal retirada (ou uma nova declaração) não afeta o procedimento em curso numa corte ou tribunal, salvo acordo entre as partes, dependendo a retirada, de depósito, junto ao Secretário Geral da ONU.

Finalmente, as partes numa controvérsia podem convir num procedimento não previsto na Convenção ou em resolvê-la por meio de uma solução amigável.

Análise de casos

Historicamente, inúmeras foram as controvérsias ocorridas nos espaços marinhos, desde o século passado até à presente década. Trata-se de problemas envolvendo navios de guerra, navios privados, direito de visita, direito de perseguição, colisão, poluição, etc. A solução nem sempre foi legítima, seja por ausência de normas expressas, por desmandos com base no Poder ou pela inexistência de um órgão competente para a solução dos impasses. Ao tempo da Sociedade das Nações, o caso Lotus, por exemplo, foi levado à Corte Permanente de Justiça Internacional. Com a ONU, os casos Corfu e Pescarias Anglo-Norueguesas foram levados à Corte Internacional de Justiça. Outros impasses não tiveram solução judicial, inclusive, porque alguns deles ocorreram antes da criação de órgãos judicantes. Deve-se mencionar em alguns casos, a ausência de normas jurídicas para dirimir controvérsias, seja pela época em que ocorreram, seja pela ausência de ratificação de tais normas.

Com a Convenção da ONU/82, a despeito do contido na Secção 3, há esferas próprias para a solução de controvérsias, conforme *supra*, além da certeza de uma ampla lei internacional em pleno vigor. Isto não ocorreu com as Convenções de Genebra/58 sobre o Direito do Mar. Em primeiro lugar, porque tais Convenções não foram totalmente ratificadas e em segundo lugar, porque criaram, apenas, um Protocolo de Assinatura Facultativa Relativo à Solução Obrigatória de Litígios.

Vejamos, agora — sem ordem lógica ou cronológica —, alguns incidentes ocorridos no cenário marítimo, através de uma síntese das soluções encontradas, boas ou más, globais ou parciais, com base (ou não) no Direito Internacional na época vigente:

— *Chung-Chi-Cheung*

O caso em questão importou em desrespeito às imunidades dos navios de Estado (públicos), que são navios de guerra. Na época (1938), não havia norma convencional sobre a matéria, quando um tripulante do navio público chinês *Chung-Chi-Cheung* matou seu comandante no momento em que passavam pelo mar territorial de Hong Kong. Eram ambos cidadãos britânicos, a serviço do Governo da República da China, a qual solicitou a extradição do criminoso, o que foi negado, por se tratar de cidadão inglês. As autoridades de Hong Kong, em conseqüência, julgaram-no, condenando-o à morte. Se o incidente tivesse ocorrido sob a égide da Convenção da ONU/82 (que seguiu a Convenção de Genebra sobre Alto-Mar/58), o navio, seus tripulantes e sua carga gozariam de total imunidade, cabendo ao Governo da República da China jurisdição e competência para o julgamento.

— *Parlament Belge*

O *Parlament Belge* era um navio postal belga que, em 1880, colidiu em Dover, Inglaterra, com um rebocador inglês. Pela Convenção Postal Anglo-Belga, de 1876, um navio postal fora equiparado a um navio de guerra. A Inglaterra demandou junto à Corte Inglesa, em primeira instância, para fins de arresto e de compensação. O Procurador Geral da Inglaterra, alegando imunidade, não acatou a jurisdição da Inglaterra e protestou. A Corte rejeitou o protesto, recorrendo o Procurador Geral à Corte de Apelação, que acatou a tese da imunidade de jurisdição. Hoje, pela Convenção da ONU/82, a responsabilidade do julgamento por danos causados por navio de guerra ou outro navio de Estado, utilizado para fins não-comerciais, é do Estado de bandeira.

— *Cunard x Mellon*

Em 1923, a Corte Suprema dos EUA julgou ações propostas por empresas marítimas nacionais e estrangeiras contra a atitude oficial dos EUA de apreender bebidas alcoólicas transportadas por navios nacionais e estrangeiros em seu mar territorial. Daí emanou a seguinte jurisprudência: todo barco mercante de um país, que entre voluntariamente nos limites territoriais de outro, submete-se à jurisdição deste último. Hoje, pela Convenção da ONU/82, há normas aplicáveis a navios mercantes e a navios de Estado, utilizados para fins comerciais (arts. 27 e 28), inclusive, para cargas perigosas ou nocivas (art. 23). Assim, a jurisdição penal do Estado costeiro não será exercida a bordo de navio estrangeiro em seu mar territorial, quanto à infração cometida a bordo durante a passagem, salvo se a infração trouxer conseqüências para o Estado costeiro, se a assistência das autoridades locais for solicitada ou se se tratar de tráfico ilícito de estupefacientes ou de substâncias psicotrópicas.

— *Wildenhus*

Em 1886, no porto de New Jersey, EUA, a bordo de um navio privado belga, o tripulante Wildenhus matou outro tripulante, ambos, belgas. O criminoso foi preso em terra pelas autoridades locais. A Bélgica impetrou *Habeas Corpus* para julgar o criminoso, medida negada pelos EUA, pois, embora houvesse tratado EUA-Bélgica sobre extraterritorialidade de navios, o mesmo só previa questões disciplinares. Hoje, pela Convenção da ONU/82, o Estado costeiro exerce jurisdição penal a bordo de navios mercantes estrangeiros e de navios de Estado utilizados para fins comerciais, se o fato perturbar a paz do país ou a ordem no seu mar territorial (art. 27, 1, b).

— *Golfo de Sidra*

Em 1981, ocorreu ruptura de relações diplomáticas entre EUA e Líbia, em face de manobra militares dos EUA em águas do Mediterrâneo, consideradas pela Líbia integrantes do seu mar territorial. No Golfo de Sidra foram destruídos dois aviões da Líbia, pelos EUA, quando realizavam manobras militares a 60 milhas marítimas da costa da Líbia, que, em 1973, por ato unilateral, declarara ser o Golfo seu mar interior, traçando uma linha reta entre Musurata e Bengazi, a partir da qual delimitou seu mar territorial de 12 milhas. Essa linha reta, porém, tinha uma extensão de 270 milhas, quando o máximo admitido pelo Direito Internacional era de 24 milhas, o que ocasionou protesto internacional, inclusive, dos EUA. O fato ocorreu em decorrência da Guerra do Golfo, não tendo ido à CIJ, certamente, por motivos político-estratégicos. Contrariou, contudo, o disposto na Convenção de Genebra/58, sobre Mar Territorial (art. 4°, 2 e art. 7°, 4) e viria a contrariar o contido na Convenção da ONU/82 (art. 7°, 3 e art. 10°, 4).

— *Winbledon*

Em 1921, o navio inglês *Winbledon*, fretado por empresa francesa, transportando material bélico com destino à base polonesa de Dantzig, foi impedido, pela Alemanha, de atravessar o Canal de Kiel, que abrira para ligar o Mar Báltico ao Mar do Norte. Alegou a Alemanha que a proibição resultara da neutralidade por ela mantida na Guerra Russo/Polonesa. O navio, porém, efetuou a travessia e sofreu prejuízos. Em 1923, a Corte Permanente de Justiça Internacional decidiu que a Alemanha tinha o dever formal de permitir a passagem, apesar da neutralidade, conforme os arts. 380 a 386 do Tratado de Versalhes, segundo os quais, o Canal encontrava-se aberto a navios de guerra e de comércio de todas as Nações em paz com a Alemanha. Hoje, com a Convenção da ONU/82, o assunto seria solucionado com o disposto em seus arts. 37 a 44, e art. 45, respectivamente, sobre passagem em trânsito e passagem inofensiva nos estreitos utilizados para a navegação internacional. Paulo Casella, estudando a jurisdição, a competência do Estado e a aplicação do Direito Internacional, cita o caso Winbledon, enfatizando a decisão da CPJI que declarou caracterizada a responsabilidade internacional da Alemanha, mencionando os arts. 380 a 386 do Tratado de Versalhes sobre a internacionalização do canal, que a Alemanha desrespeitou, alegando haver baseado sua recusa em estatuto de neutralidade (lei interna), que considerou mais importante que o Tratado (lei internacional).

— *Estreitos Turcos*

Em 1912, durante a Guerra Balcânica, os estreitos turcos foram fechados por ato unilateral da Turquia, ocasionando prejuízo ao comércio internacional. Não havia, à época, norma internacional específica sobre o assunto. Em 1923, o Tratado de Lousanne reconheceria a liberdade de tráfego e de navegação, em tempo de guerra ou de paz, pelo

Mar de Mármara e, em 1936, a Convenção de Montreux, que o derrogou, manteria aquela liberdade, através da qual a Turquia poderia recusar a passagem de navios mercantes de países que estivessem em guerra com ela. Hoje, pela Convenção da ONU/82, o impasse seria analisado através do disposto nos arts. 37 a 45 (passagem em trânsito e passagem inofensiva nos estreitos utilizados para navegação internacional).

— *Torrey Canyon*

Em 1967, *Torrey Canyon*, petroleiro da Libéria subfretado à *British Petroleum*, poluiu, com petróleo, as costas da França e do Reino Unido. O fato ocorreu em pleno alto-mar. As normas internacionais vigentes — Convenção de Genebra sobre Alto-Mar/58 e Convenção de Londres/54 sobre Prevenção Contra a Poluição das Águas do Mar por Hidrocarbonetos — eram insuficientes para determinar a responsabilidade civil por danos. Atos internacionais posteriores da OMI (Organização Marítima Internacional) trariam medidas preventivas ou indenizatórias: em 1969, emenda à citada Convenção de Londres/54 (resultados da limpeza dos tanques bombeados para um tanque especial para fins de reprocessamento); Convenção de Bruxelas/69 sobre Responsabilidade Civil do Proprietário do Navio ou da Carga por dano sofrido em conseqüência de acidente de poluição através de indenização; em 1973, a Convenção para a Prevenção da Poluição. Tais normas contribuíram para o disposto na Convenção da ONU/82 (Parte XII, arts. 192 a 237: Proteção e Preservação do Meio Marinho).

— *Amoco Cadiz*

Em 1978, o petroleiro *Amoco Cadiz*, da Libéria, encalhou em águas territoriais da França, poluindo o meio marinho e prejudicando espécies animais e vegetais da área, a pesca e a saúde humana. Constatou-se a falta de norma internacional específica para fins de indenização, pois a Convenção de Genebra sobre o Alto-Mar/58 só apresentava normas difusas (arts. 24 e 25). Hoje, com a Convenção da ONU/82 — arts. 192 a 237 — as normas são claras e objetivas, a exemplo do art. 194 (medidas para prevenir, reduzir e controlar a poluição do meio marinho), do art. 229 (ação de responsabilidade civil) e do art. 230 (penas pecuniárias).

— *Onassis*

Em 1954, cinco navios foram apreendidos pela Marinha do Peru, portando bandeira do Panamá, mas, de propriedade do armador grego Onassis. Motivo: captura de cerca de 3.000 baleias em águas territoriais do Peru. Os comandantes dos navios foram acusados de violar as normas do Peru, cujo mar territorial era de 200 milhas, *ut* Declaração de Santiago/52, sendo condenados à multa de 3 milhões de dólares, pelo próprio Peru, que os julgou. EUA, Reino Unido e Panamá protestaram, alegando ter o fato ocorrido em alto-mar. Hoje, pela Convenção da ONU/82, o problema seria de simples resolução para os Estados Partes, pois ficou estabelecido um mar territorial de 12 milhas e uma zona econômica exclusiva de 200 milhas, além de que, navios daquele tipo (PANLIBHON) não têm nacionalidade, detalhe que viria a constar da Convenção de Genebra sobre Mar Territorial/58.

— *Red Crusader*

Em 1961, ocorreu o caso *Red Crusader*, navio pesqueiro do Reino Unido, dentro do contexto de disputas por limites de zona de pesca na região das Ilhas Faroes, pela Dinamarca e o Reino Unido. Navio de proteção à pesca, da Dinamarca, inspecionou o *Red Cruzader*, que estaria pescando sem autorização no Mar Territorial dinamarquês. Seguem-se sua fuga para o alto-mar e a *hot pursuit* dinamarquesa. Reino Unido e Dinamarca iniciam negociações diplomáticas sobre indenização por danos sofridos pelo navio, constituindo uma Comissão Internacional de Investigação, arquivada, por renúncia das partes. A Convenção de Genebra sobre o Alto-Mar/58 dispunha, de modo geral, sobre o impasse, mas, hoje, pela Convenção da ONU/82, com base no eventual risco sofrido pela tripulação do *Red Crusader*, normas específicas poderiam ser aplicadas: art. 225 (proibição do risco) e art. 232 (responsabilidade por perdas e danos).

— *Royal Oak e Almirante Cervera*

Em 1937, durante a Guerra Civil Espanhola, houve confrontação entre o encouraçado britânico *Royal Oak* e o cruzador espanhol *Almirante Cervera*, em pleno alto-mar. O cruzador pretendia aprisionar navios mercantes espanhóis que transportavam refugiados republicanos. O *Royal Oak* impediu a abordagem e o comandante do *Almirante Cervera* cedeu, ante à superioridade da força britânica. A Convenção de Genebra sobre o Alto-Mar/58 viria a tratar do Direito de Revista (Visita) em alto-mar, hoje substituída pela Convenção da ONU/82 (art. 110), que resolveria o impasse, ao lado das Convenções de Genebra/49 e do Protocolo II/77, sobre Direito Internacional Humanitário.

— *América Maru*

Durante a II Guerra Mundial, o *Nautilus*, dos EUA, afundou o *América Maru*, do Japão, com base nas instruções de guerra a que estava sujeito. O Japão considerava o *América Maru* um navio-hospital, objeto, pois, de tratamento diferenciado. Os EUA alegaram que o *América Maru* navegava em comboio e às escuras, sem o competente uso de sinais, o que elidia sua real finalidade. Se o impasse fosse analisado à luz das Convenções de Genebra/49, sobre Direito Internacional Humanitário — posteriores ao fato — ficaria caracterizado o desrespeito do *América Maru* aos parâmetros legais de proteção operacional.

— *Itagiba*

Em 1942, o navio mercante *Itagiba*, do Brasil, foi afundado, na costa brasileira, pelo submarino alemão U-507. O mesmo destino teve o navio mercante brasileiro *Ararat*, que iniciou o salvamento dos náufragos do *Itagiba*. Diversas foram as infrações cometidas pela Alemanha: violação da neutralidade brasileira, durante a II Guerra Mundial (Convenção de Haia/1907, art. 1º); violação da soberania brasileira (Convenção de Haia/1907, art. 2º); ausência de aviso da intenção de agressão (Ata de Londres/1936); e maus tratos a náufragos (Convenção de Haia/1907, art. 16). O fato contribuiu para a elaboração da Convenção de Genebra/49 sobre Náufragos Feridos e Doentes (art. 18), dentro do contexto do Direito Internacional Humanitário.

— *Batalha do Rio da Prata*

O incidente ocorreu em 1939, entre cruzadores britânicos, contra o encouraçado alemão *Graf Spee*, no Atlântico Sul. O *Graf Spee* atingiu os cruzadores britânicos e foi por eles atingido, aproando em Montevidéu, porto neutro, seguindo-se negociações diplomáticas sobre a permanência do navio no porto, após o que fez-se ao mar, sendo explodido e afundado por sua tripulação. O impasse desrespeitou a Declaração do Panamá/39, que estabeleceu um limite de 300 milhas da costa sul-americana, onde não haveria exercício de operações beligerantes. Além disso, os náufragos foram deixados à mercê de sua própria sorte, contrariando a Declaração de Londres/1916. O impasse contribuiu, porém, para a elaboração da Convenção de Genebra/49 sobre Náufragos, Feridos e Doentes, integrante do Direito Internacional Humanitário.

— *Panay*

Em 1937, o navio de guerra dos EUA, *Panay*, em tarefa de evacuação e proteção de civis norte-americanos, no porto de Nanquim, foi atacado pela aviação naval do Japão, durante a Guerra Sino-Japonesa. Os EUA eram oficialmente neutros, mas patrulhavam o Rio Yang-Tze, protegendo a vida e os bens de cidadãos e funcionários da Embaixada dos EUA. É quando o *Panay* é atacado e afundado. O Japão apresenta desculpas aos EUA, afirmando ter confundido o *Panay* com um navio transporte de tropas da China. É o princípio da *comitas gentium*, que afasta o dolo e os EUA aceitaram o pedido de desculpas. O Japão indeniza os EUA pelos prejuízos causados. O impasse contribuiu para a elaboração da Convenção da ONU/82, em termos de indenização por perdas e danos.

— *Marianna Flora*

Em 1824, quando fazia a travessia Bahia-Lisboa, o navio mercante português *Marianna Flora* foi avistado pelo navio de guerra *Alligator*, dos EUA, o qual julgou estivesse o mesmo em dificuldades, dele se aproximando. O *Marianna Flora* abre fogo contra o *Alligator*, pensando tratar-se de navio pirata, o qual revidou. O *Marianna Flora* rendeu-se, sendo conduzido a Boston, onde sua oficialidade foi julgada por atos de pirataria. A Suprema Corte dos EUA reconheceu o direito de aproximação e visita de navio de guerra a navio de comércio. Tal decisão contribuiu para as normas da Convenção de Genebra sobre Alto-Mar/58 (art. 22: Detenção e Revista) e da Convenção da ONU/82 (art. 110: Direito de Visita).

— *Itata e I'm Alone*

Em 1891, durante a Revolução Chilena, o navio transporte Itata foi usado pelo governo revolucionário do Chile a fim de obter armamento e munição nos EUA, ficando retido no porto de San Diego, por violação da lei de neutralidade dos EUA. O navio foi libertado pelo emprego da força e retornou ao Chile, perseguido por navios de guerra dos EUA, que o capturaram no porto de Iquique. O Chile protestou contra a violação de sua soberania e exigiu reparação aos EUA, perante uma Corte de Arbitragem Chileno-Americana, que deu ganho de causa ao Chile, concluindo pela ilegalidade da captura. O julgado contribuiu para a efetivação da *hot porsuit*, na Convenção de Genebra sobre o Alto-Mar/58 (art. 23, § 2º: o direito de perseguição cessa quando o navio perseguido entra no mar territorial de seu país ou no de uma terceira potência). Hoje, o impasse estaria enquadrado no art. III, § 3º da Convenção da ONU/82, que repete a citada norma genebrina. Fato semelhante viria a ocorrer, em 1929, entre o navio de registro *I'm Alone*, do Canadá, afundado pelo navio patrulha *Dexter*, dos EUA. O caso foi a julgamento por Comissão Mista EUA/Canadá, que considerou o afundamento intencional, e portanto, ilícito. Havia, na ocasião, lacuna jurídica quanto à *hot porsuit*, mas o impasse também contribuiu para a Convenção de Genebra sobre o Alto-Mar/58 e para a Convenção da ONU/82.

Lotus

Em 1926, a Corte Permanente de Justiça Internacional (CPII) decidiu a questão do paquete francês Lotus, que se dirigia a Constantinopla, quando colidiu, em alto-mar, com o navio carvoeiro turco *Boz Kourt*, afundando-o, em conseqüência do que morreram oito cidadãos turcos. Em Constantinopla, o capitão e o oficial de quarto, na hora do abalroamento, foram condenados e presos por homicídio culposo (imprudência). A França protestou alegando a falta de jurisdição da Turquia, pois o ato ocorrera em alto-mar e o navio causador do sinistro era francês. A Corte decidiu a favor da Turquia, com base em "que nenhuma regra de Direito Internacional proíbe ao Estado de que depende o navio, onde os efeitos do delito se manifestaram, de considerar esse delito como se tivesse sido cometido em seu território e exercer a ação penal contra o delinqüente". A Convenção sobre Abalroamento, de Bruxelas, de 1910, dispunha, porém, que a reparação dos danos, independentemente das águas onde tivesse ocorrido o fato, incumbiria ao navio causador do acidente. A decisão da CPJI foi alvo de severas críticas e a Convenção de Genebra sobre Alto-Mar/58 virá a adotar critério totalmente oposto (art. 11), o qual foi seguido pela Convenção da ONU/82: a ação penal, em caso de abalroamento em alto-mar, contra o capitão ou qualquer outro membro da tripulação, só pode ser intentada perante as autoridades do Estado de bandeira ou perante as autoridades do Estado da nacionalidade de tais pessoas (art. 97).

Pescarias anglo-norueguesas

A Noruega, em 1935, através de decreto, reservou certas zonas de pesca, na parte setentrional de sua costa, para uso exclusivo de seus pescadores. A questão consistiu em saber da validez daquele ato normativo interno norueguês, no plano internacional, quanto ao modo pelo qual estipulou as linhas de base onde começaria a contagem do mar territorial da Noruega, pois a zona litigiosa compreendia um conjunto de águas internas, mar territorial, ilhas, rochedos e recifes *(skjaergaard)*. O Reino Unido recorreu à Corte Internacional de Justiça, em 1951, que decidiu que as linhas de base adotadas pela Noruega, levando em conta aqueles acidentes naturais de sua costa, estavam de acordo com o Direito Internacional, razão por que as aludidas zonas de pesca eram legais. Em síntese, a Corte concluiu pela legitimidade da atitude da Noruega, ao traçar as linhas de base de seu mar territorial e de delimitar suas zonas de pesca entre as ilhas, rochedos e recifes e através dos espaços equóreos que os separavam, mesmo que os mesmos não fossem considerados baías, por estarem localizados, geograficamente, perto das costas norueguesas. O julgamento ocorreu antes da Convenção de Genebra sobre Mar Territorial/58, que serviu de base à Convenção da ONU/82, que normatizou sobre águas internas (art. 8º), limite exterior do mar territorial (art. 4º), linhas de base normais (art. 5º), linhas de base retas (art. 7º), baías (art. 10), baixios a descoberto (art. 13) e Estados Arquipélagos (arts. 46 a 54).

Estreito de Corfu

Em maio de 1946, a Albânia atingiu dois navios de guerra ingleses (*Saumarez* e *Volage*), no Estreito de Corfu. O primeiro afundou e o segundo ficou danificado. A Albânia alegou ter agido em defesa de suas águas territoriais e o Reino Unido considerou legítima, a passagem, por se tratar de via de livre comunicação entre duas partes do alto-mar. Em outubro do mesmo ano, componentes de uma esquadra britânica de navios de guerra explodiram, ao se chocar com minas existentes numa zona do estreito. Os dois países recorreram à CIJ, que examinou o problema com base em cinco postos: a qualificação do estreito como via de navegação internacional; o acesso de navios de guerra aos estreitos internacionais; as condições para que tal passagem fosse considerada inocente; a responsabilidade da Albânia quanto às explosões; e a violação da soberania da Albânia pelo Reino Unido.

Quanto ao primeiro ponto, tratava-se de um estreito (passagem marítima natural) entre Corfu, uma das ilhas jônicas da Grécia e a parte da península balcânica, pertencendo, tanto à Albânia, como à Grécia, advindo o regime jurídico do estreito de sua situação geográfica, pondo em comunicação duas partes do alto-mar e do fato de ser utilizado para fins de navegação internacional.

Quanto ao segundo ponto, a Corte considerou legítima a passagem de navios de guerra, pelo estreito, em tempo de paz, desde que inocente.

Tal detalhe constituiu o objeto do terceiro ponto, pois a Albânia alegou não ser inofensiva a passagem (navios navegando em formação de combate), o que foi contestado pelo Reino Unido, acatando, a CIJ, a tese britânica.

O quarto ponto é a responsabilidade da Albânia quanto às explosões, pois as minas se encontravam em suas águas territoriais, concluindo a CIJ pela culpabilidade da Albânia, por sua ciência quanto à colocação das minas.

Quanto ao quinto ponto, decidiu a Corte pela violação da soberania da Albânia, em decorrência da atitude da marinha britânica, que, sob protesto da Albânia, retirou as minas do local.

Em síntese, a CIJ condenou a Albânia a pagar indenização ao Reino Unido, com base em três motivos: considerações humanitárias (mortos e feridos); liberdade das comunicações marítimas (passagem inocente); e dever do Estado de não permitir, desde que ciente, que seu território servisse a atos contrários ao direito de outros Estados. Paulo Casella deteve-se sobre aquelas considerações humanitárias, afirmando haver a CIJ desempenhado papel primordial em matéria de Direito Internacional Humanitário, ao atentar para a necessidade de se fazer conhecer o perigo de um campo de minas em águas territoriais e sobre a necessidade de advertir do perigo iminente decorrente da existência de um campo minado. A Convenção da ONU/82 admite a soberania, pelos Estados ribeirinhos, das águas que formam os estreitos utilizados para a navegação internacional, com ressalva da passagem em trânsito e da passagem inocente, para todos os tipos de navios (arts. 34 a 45).

Jurisdição de pescarias

Em 1972, o Reino Unido e a Alemanha (Ocidental) reclamaram junto à CIJ contra a Islândia, por haver esta dilatado de 12 para 50 milhas marítimas sua zona exclusiva de pesca, através de ato unilateral. A Corte decidiu que a atitude da Islândia não prejudicava aqueles dois Estados, não estando, porém, autorizada a proibir a presença de barcos pesqueiros estrangeiros na área disputada, razão por que deveriam os três países empreender negociações para uma solução eqüitativa do impasse. Note-se que a Corte não foi contrária à dilatação da zona de pesca da Islândia, por ato unilateral, mas, ao mesmo tempo, não proibiu o exercício da pesca por outros países. Optou, sim, por um regime de pescarias a ser estabelecido pelos próprios interessados, dentro de critérios admitidos pela prática internacional, como ocorre com a captura das baleias (critério de fixação de quotas nacionais).

Guerra do linguado

Em 1995, houve um problema de pesca do linguado (também do hadock e do bacalhau), por navios de pesca da Espanha, em alto-mar, além da zona de pesca do Canadá. A Espanha considerou exagerada a pesca canadense, naquela região, ameaçando recorrer à CIJ. O Canadá, por sua vez, impediu a pesca espanhola naquela porção do alto-mar. O impasse foi provisoriamente solucionado através de Acordo de Abril/95, entre a União Européia e o Canadá, merecendo, o mesmo, as seguintes observações:

1 — Embora a liberdade de pesca seja uma das grandes liberdades do alto-mar, para todos os Estados (art. 87 da Convenção da ONU sobre Direito do Mar/82), ela está sujeita às medidas de conservação e gestão dos recursos vivos do alto-mar, nos termos da mesma Convenção (arts. 116 a 120). Daí a cooperação entre Estados na conservação e gestão dos recursos vivos do alto-mar, por si ou através de organizações regionais ou sub-regionais de pesca (art. 118), fixando capturas permissíveis, trocando informações científicas e produzindo estatísticas de captura, por meio, inclusive, de organizações internacionais (art. 119, 1 e 2).

2 — Tais medidas de conservação não serão discriminatórias, de direito ou de fato, para os pescadores de qualquer Estado (art. 119, 3).

3 — Em 1994, o Canadá emendou o art. 2º de sua Lei de Proteção de Pescarias Costeiras, dilatando, para o alto-mar, a zona de pesca sujeita à regulamentação da NAFO (Organização de Pesca do Noroeste do Atlântico), nos termos da Convenção sobre Cooperação Multilateral Futura de Pesca no Noroeste do Atlântico, de 1978. Houve, pois, pelo Canadá, proposital dilatação da zona de pesca, em direção ao alto-mar, onde ocorre a pesca do linguado e de outras espécies de peixes.

4 — A NAFO é uma organização legal, nos termos da Convenção da ONU sobre Direito do Mar/82.

5 — Em 1994, o Canadá aceitou, também, através de Notificação, a jurisdição obrigatória da CIJ, sobre controvérsias internacionais em geral, inclusive, expressamente, quanto à referida zona de pesca, regulamentada pela NAFO.

6 — O Acordo de Abril/95, que, provisoriamente, solucionou a questão, não foi assinado entre Espanha e Canadá, mas, entre União Européia e Canadá, representando a U.E., tanto a Espanha, como outros Estados interessados na pesca naquela região.

7 — O critério de fixação de quotas nacionais decidiu o impasse, provisoriamente, através de competente negociação. Com efeito, União Européia e Canadá estabeleceram, para 1995, a fixação de quotas, num total de 27 toneladas, sendo 10 para o Canadá, 10 para a Espanha e 7 para outros Estados pesqueiros. Para 1996, o critério de fixação de quotas dependeria da NAFO.

8 — O julgamento da questão, em 1998, pela CIJ — segundo Casella — pôs linha divisória entre a questão de definição e de determinação de legalidade, ao enfatizar o disposto na Convenção de Montego Bay (os citados arts. 116 a 120), isto é, ao sobrepor o Direito Internacional ao Direito Interno.

CAPÍTULO II
CONSEQÜÊNCIAS PARA O BRASIL

A Convenção das Nações Unidas sobre o Direito do Mar foi assinada no dia 10 de dezembro de 1982, em Montego Bay, capital da Jamaica, tendo sido ratificada pelo Brasil no dia 22 de dezembro de 1988. A Convenção entrou em vigor 12 meses após o depósito do 60º instrumento de ratificação, que foi o da Guiana, em 16 de novembro de 1993, isto é, em 16 de novembro de 1994. Suas disposições prevalecem sobre as demais normas internacionais sobre a temática e a partir de sua ratificação pelo Brasil — antes, pois, de sua entrada em vigor — ela trouxe as seguintes conseqüências fundamentais para o País:

1 — Lei nº 8.617, de 4 de janeiro de 1993.

2 — Projeto LEPLAC (Plano de Levantamento da Plataforma Continental Brasileira) — 1988 e 1989.

3 — Programa REVIZEE (Avaliação do Potencial Sustentável de Recursos Vivos na Zona Econômica Exclusiva) — 1994.

A importância jurídica, política e estratégica desses documentos advém da natureza mesma dos temas tratados. Podem ser citados, *inter alia*, os seguintes: mar territorial; zona contígua; zona econômica exclusiva; plataforma continental; atividades marítimas; pesquisa; recursos naturais; paz e segurança; meio ambiente marinho; pesca e produção pesqueira; investigação científica marinha; passagem inocente e livre navegação; medidas de fiscalização; construção de ilhas artificiais; exercícios e manobras militares; e exercício de direitos soberanos e soberania.

1 — Lei nº 8.617/93

O mar territorial brasileiro (arts. 1º a 3º) compreende uma faixa de doze milhas marítimas de largura (extensão), a partir da linha de baixa-mar do litoral (continental e insular) brasileiro, indicada nas cartas náuticas de grande escala, reconhecidas pelo Brasil. O método das linhas de bases retas, para o traçado da linha de base, será o adotado nos locais em que a costa apresentar recortes profundos e reentrâncias, ou em que existir uma franja de ilhas ao longo da costa ou sua proximidade imediata. A soberania do Brasil estende-se ao mar territorial, ao espaço aéreo sobrejacente ao seu leito e subsolo.

Como visto *retro*, o Brasil, anteriormente, já teve um mar territorial de 12 milhas marítimas, o que ocorreu com o Decreto-Lei nº 553/69. Antes, com o Decreto-Lei nº 44/66, tivera um mar territorial de apenas 6 milhas, tendo, depois, com o Decreto-Lei nº 1.098/70, 200 milhas. Sempre esteve presente o exercício pleno da soberania, tanto no mar territorial, como no espaço aéreo sobrejacente, e no seu leito e subsolo.

O instituto da passagem inocente (inofensiva) sempre constou das normas internacionais e nacionais sobre a matéria, dela se ocupando a Lei nº 8.617/93, para todos os navios, de todos os Estados, desde que não seja prejudicial à paz, à boa ordem ou à segurança do país, devendo ser contínua e rápida.

A passagem inocente (além do "passar", propriamente dito), pode compreender o "parar" e o "fundear", quando esses procedimentos: a — constituam incidentes comuns de navegação; b — sejam impostos por motivos de força maior ou por dificuldade grave; c — tenham por fim prestar auxílio a pessoas, a navios ou aeronaves em perigo ou em dificuldade grave.

No mar territorial do Brasil, todos os navios estrangeiros (isto é, qualquer tipo de navio, de qualquer país), estão sujeitos aos regulamentos estabelecidos pelo governo brasileiro. Este detalhe consta, expressamente, da Convenção da Jamaica, para fins de segurança da navegação, conservação dos recursos vivos do mar, pesca, preservação do meio ambiente dos Estados costeiros, investigação científica marinha, etc.

A zona contígua brasileira (arts. 4º e 5º) compreende a faixa que se estende das 12 às 24 milhas marítimas, a partir da mesma linha de base que mede a extensão do mar territorial.

Como visto anteriormente, a zona contígua constou da Convenção de Genebra/58, sobre a matéria e da Convenção da ONU/82, em ambos os casos, com a extensão de 12 milhas marítimas. No plano interno, ao tempo do Decreto-Lei nº 44/66, a zona contígua brasileira era de 6 milhas marítimas, havendo o Decreto-Lei nº 553/69 e o Decreto-Lei nº 1.098/70, silenciado sobre o assunto, dela cogitando, porém, a Lei nº 8.617/93, com a extensão de 12 milhas marítimas.

Trata-se de uma zona do alto-mar contígua ao mar territorial, nos termos da norma genebrina, onde o Estado costeiro pode tomar medidas de fiscalização para evitar e reprimir as infrações a leis e regulamentos. Assim, a Lei nº 8.617/93, seguindo as pegadas da Convenção da ONU/82, dispõe que o Brasil poderá tomar medidas de fiscalização necessárias para:

a — evitar infrações às leis e aos regulamentos aduaneiros, fiscais, de imigração ou sanitários, no seu território ou no seu mar territorial.

b — reprimir infrações às leis e regulamentos no seu território ou no seu mar territorial.

A Lei nº 8.617/93 dispõe sobre a zona econômica exclusiva brasileira, que compreende uma faixa que se estende das 12 às 200 milhas marítimas, a partir das linhas de base que medem a largura do mar territorial. Aglutina, pois, a zona contígua e tem, na realidade, 188 milhas marítimas, pois começa após o término do mar territorial.

Na zona econômica exclusiva o Brasil tem direitos de soberania — e não, propriamente, soberania — para fins de exploração, aproveitamento, conservação e gestão dos recursos naturais, vivos ou não vivos, das águas sobrejacentes ao leito do mar, do leito do mar e seu subsolo, e outras atividades, com vistas à exploração e ao aproveitamento da zona para fins econômicos, observando-se o seguinte:

a — nela, o Brasil, no exercício de sua jurisdição, tem o direito exclusivo de regulamentar a investigação científica marinha, a proteção e preservação do meio ambiente marinho, e a construção, operação e uso de ilhas artificiais, instalações e estruturas.

b — a investigação científica, na ZEE, só poderá ser conduzida por outros Estados, com o consentimento prévio do governo brasileiro, conforme a legislação que regula a matéria.

c — nela, a realização, por outros Estados, de exercícios ou manobras militares, em particular, as que impliquem o uso de armas ou explosivos, somente poderá ocorrer com o consentimento do governo brasileiro.

d — é reconhecido a todos os Estados, o gozo, na ZEE das liberdades de navegação e sobrevôo, e de outros usos do mar internacionalmente lícitos, relacionados com essas liberdades, como os ligados à operação de navios e aeronaves.

As observações *supra* merecem dois destaques:

O primeiro é quanto à investigação científica marinha por outros Estados. Fala a Lei n° 8.617/93 no consentimento prévio do governo brasileiro, nos termos da legislação em vigor que regula a matéria. A lei que regula a matéria, no caso, é o Decreto n° 96.000, de 02.05.88, sobre pesquisa e investigação científica em áreas sob jurisdição brasileira, por pessoa física ou jurídica, nacional ou estrangeira, o qual, conforme Alexandre Tagore de Albuquerque, deverá ser reavaliado, inclusive, sobre a conveniência do Brasil autorizar aquela investigação somente aos Estados Partes na Convenção, isto é, aos Estados que a ratificaram ou a ela aderiram. A Lei n° 8.617/93 fala, apenas, em consentimento prévio, quando deveria ter falado em consentimento prévio e por escrito do governo brasileiro, embora a Convenção/82, em seu art. 246, só se refira a consentimento (silenciando sobre o "prévio" e o "expresso").

O segundo destaque incide sobre exercícios ou manobras militares por outros Estados (inclusive, quanto ao uso de armas ou explosivos), que poderá ocorrer, de acordo com a Lei n° 8.617/93, com o consentimento do governo brasileiro. Fala-se, aqui, simplesmente, em consentimento (silenciando a lei nacional sobre o "prévio" e o "expresso"), o que é injustificável, em face de gravidade político-estratégica da matéria. Injustificável, aliás, é a realização de tais exercícios ou manobras militares, na ZEE brasileira, através de uso de armas ou explosivos, mesmo porque, a Convenção da ONU/82, ao mencionar direitos de outros Estados na ZEE de um Estado costeiro, não menciona aquele detalhe e apenas alude, de forma global, a operação de navios de todos os Estados. A lei brasileira não agiu contra-Convenção, mas se posicionou *praeter*-Convenção, de forma a gerar situações negativas perigosíssimas para o País, porque o desenvolvimento científico-tecnológico dos países do G-7 é muito maior do que o desenvolvimento científico-tecnológico dos países do G-77, onde está incluído o Brasil.

A plataforma continental consta da Lei nº 8.617/93 e compreende o leito e o subsolo das áreas submarinas, além do mar territorial, em toda a extensão do prolongamento natural do território terrestre:

a — até o bordo exterior da margem continental;

b — até uma distância de 200 milhas marítimas das linhas de base, quando o bordo exterior da margem continental não atingir essa distância;

c — até os limites permitidos pela Convenção da ONU/82, em seu art. 76 (excepcionalmente, 350 milhas marítimas ou mais). Daí a razão, no Brasil, do Projeto LEPLAC, que é o Plano de Levantamento da Plataforma Continental Jurídica Brasileira.

O Brasil exerce direitos soberanos (direitos de soberania, porém, não, propriamente, soberania) sobre a plataforma:

a — para efeitos de exploração e aproveitamento dos seus recursos naturais, que são os recursos minerais e outros recursos não vivos do leito do mar e subsolo, bem como os organismos vivos pertencentes a espécies sedentárias, que, no período de captura estão imóveis no leito do mar ou no seu subsolo, ou que só podem mover-se em constante contato físico com esse leito ou subsolo;

b — para regulamentar a investigação científica marinha, a proteção e preservação do meio marinho, e a construção, operação e uso de ilhas artificiais, instalações e estruturas. A investigação científica marinha poderá ser conduzida por outros Estados, com o consentimento prévio do governo brasileiro. A exemplo da ZEE, aqui, também, a lei nacional deveria ter-se reportado a "consentimento prévio e por escrito" do governo brasileiro;

c — para autorizar e regulamentar as perfurações na plataforma continental, quaisquer que sejam seus fins;

d — para colocar cabos e dutos na plataforma continental, direito esse reconhecido a todos os Estados.

De acordo com a lei brasileira, pois, dois dos itens *supra* também competem a Estados estrangeiros, que são a condução da investigação científica marinha e a colocação de cabos e dutos submarinos. O primeiro item, através do consentimento prévio do governo brasileiro. Quanto ao segundo item, o traçado da linha para a colocação dos cabos e dutos dependerá do consentimento (a lei fala, apenas, em consentimento) do governo brasileiro, o qual poderá estabelecer condições para a colocação de cabos e dutos que penetrem seu território ou seu mar territorial.

2 — Projeto LEPLAC

O Projeto LEPLAC (Plano de Levantamento da Plataforma Continental Brasileira) foi instituído, no Brasil, pelo Decreto nº 95.787, de 07-03-88, revogado pelo Decreto nº 98.145, de 15-09-89, em decorrência dos compromissos assumidos com a III Conferência das Nações Unidas sobre o Direito do Mar. A Convenção/82 entrou em vigor em novembro/93, com o depósito do 60º instrumento de ratificação, conforme previsto em seu art. 308 e o Brasil, que a ratificou no dia 22 de dezembro de 1988, cuida, atualmente, da delimitação dos limites exteriores de sua plataforma continental jurídica (externa) através do LEPLAC.

A Comissão de Limites da Plataforma Continental, criada pelo Anexo II da Convenção da ONU, concedeu um prazo de até dez anos, a partir da sua entrada em vigor, para a delimitação da plataforma continental jurídica dos Estados Partes, após o que a extensão máxima não ultrapassará 200 milhas marítimas. Daí a criação do LEPLAC, que, em tempo inferior ao previsto na Convenção, pretende fixar os limites exteriores da plataforma continental jurídica brasileira, além daquelas 200 milhas marítimas, como permitido pelo art. 76 da aludida Convenção, atingindo (e podendo ultrapassar) 350 milhas marítimas. Como uma milha marítima equivale a 1,853 km, os resultados dos trabalhos do LEPLAC seriam de grande valia político-estratégica para o País.

Por isso, a estrutura organizacional do LEPLAC é complexa, compreendendo a Marinha do Brasil, a Petrobrás, o Departamento Nacional da Produção Mineral (DNPM), as Universidades do Programa de Geologia e Geofísica Marinha e membros da Comunidade Científica. A Comissão Interministerial para os Recursos do Mar (CIRM), planeja, coordena e controla as atividades do LEPLAC, contando, para tal fim, com uma Secretaria (SECIRM), uma Subcomissão e um Comitê Executivo, que compreende três Subcomitês: de Logística, sediado na Diretoria de Hidrografia e Navegação (DHN) — Ilha Fiscal, com o objetivo de viabilizar o emprego do navio oceanográfico Almirante Câmara; de Batimetria e Cartografia, sediado também na DHN, na Ponta da Armação, em Niterói, com a finalidade de determinar as linhas de base (normais ou retas) da isobatimétrica de 2.500 metros e do pé do talude continental, além do processamento, controle de qualidade, interpretação, tratamento e integração dos dados batimétricos de precisão do Projeto; e da Geologia e Geofísica, sediado na Petrobrás, no Rio de Janeiro, que coordena e supervisiona a aquisição, processamento, controle de qualidade, interpretação, tratamento e integração dos dados geofísicos do Projeto.

Assim, os trabalhos em execução do LEPLAC compreendem:

— determinação das linhas de base, da isobatimétrica de 2.500 metros e do pé do talude continental, ao largo de todo o litoral brasileiro;

— realização de levantamentos geofísicos e batimétricos de precisão, para determinar a espessura do pacote sedimentar e sua correlação com a distância ao pé do talude;

— processamento, controle de qualidade, interpretação, tratamento e integração dos dados geofísicos e batimétricos obtidos;

— elaboração dos documentos cartográficos para a apresentação dos critérios adotados para a delimitação da plataforma.

Esses trabalhos estão perfeitamente de acordo com a estrutura organizacional *supra* e, desde o seu início, já foram adquiridos mais de 175.000 km lineares de dados geofísicos para o Projeto, entre sísmica de reflexão multicanal, gravimetria e magnetometria, segundo análise do geofísico Jairo Marcondes de Souza. O Projeto também enfatizou a aquisição de dados batimétricos de precisão, para se determinar o pé do talude continental e a isobatimétrica de 2.500 metros.

As linhas de base, a isobatimétrica de 2.500 metros e o pé do talude são entidades de referência para a caracterização da plataforma continental jurídica, segundo a Convenção da ONU, que determina que "o Estado costeiro deve estabelecer, por meio de dois critérios, o bordo exterior da margem continental — no enfoque jurídico e não geomorfológico — quando a margem continental — no conceito geomorfológico e não jurídico — se estender além de 200 milhas marítimas das linhas de base. No primeiro, o limite é de 60 milhas marítimas a partir do pé do talude continental. No segundo, é preciso comprovar que além das 200 milhas marítimas ocorre depósito de sedimentos cuja espessura seja pelo menos 1% da menor distância entre esse ponto e o pé do talude continental. Comprovada essa condição, a plataforma continental jurídica pode avançar até 350 milhas marítimas ou mais, se a região com 1% de sedimentos ainda estiver a menos de 100 milhas marítimas do local onde o mar atinge a profundidade de 2.500 metros" (Jairo Marcondes de Souza).

Um dos objetivos do Projeto LEPLAC é o estabelecimento de mapas integrados, ao longo da margem continental, que inclui o mapa de espessura sedimentar, para definir o bordo exterior da plataforma. O grau de confiabilidade desse mapa "depende, fundamentalmente, da precisão e confiabilidade das velocidades usadas na sua geração. A etapa de cálculo e crítica da consistência das velocidades intervalares do pacote sedimentar é, portanto, alicerce para as etapas subseqüentes, com reflexo direto na dimensão da área oceânica que será incorporada ao território nacional", adverte o citado geofísico. Conclui, este, finalmente, que os resultados da interpretação de parte dos dados geofísicos do Projeto "sugerem, preliminarmente, a possibilidade de o Brasil estender sua plataforma continental jurídica até o limite das 350 milhas marítimas a partir das linhas de base, na região do Platô de São Paulo, e além das

200 milhas marítimas em toda a margem sul brasileira", o que faz parte dos trabalhos do LEPLAC junto à ONU.

3 — Programa Revizee

O Programa REVIZEE (Avaliação do Potencial Sustentável de Recursos Vivos na Zona Econômica Exclusiva), do IBAMA, de 1994, é conseqüência da meta principal dos objetivos do IV PSRM (Plano Setorial para os Recursos do Mar), nos termos da Convenção da Jamaica/82 sobre o Direito do Mar e da Lei nº 8.617/93.

O IV PSRM estuda os recursos do mar (situação atual e perspectivas; condicionantes e necessidades); diretrizes e linhas de ação; iniciativas; coordenação e controle; e análise, acompanhamento e avaliação de projetos.

1 — *Recursos do Mar*

Recursos do mar, para o Plano, são os recursos vivos e não vivos das águas, do solo e do subsolo marinhos, bem como, das áreas adjacentes, cuja explotação racional é relevante dos pontos de vista econômico, social e de segurança nacional. Tais recursos são minerais, energéticos e vivos (pesqueiros).

Os recursos minerais marinhos de águas rasas compreendem areias e cascalhos, os sedimentos carbonáticos e os "pláceres" de minerais pesados (ilmenita, rutilo, monazita e zircão). No alto-mar, temos os nódulos polimetálicos, em face de seus teores de cobre, níquel, cobalto, manganês e ferro. Há, também, as substâncias encontradas nas águas do mar, como o sal, o bromo, o magnésio, o cloro, o sódio, o cálcio, o potássio e o boro.

Os recursos energéticos são convencionais (petróleo, gás natural e carvão) e não convencionais (propiciados pelas marés, ondas e gradientes térmicos).

Os recursos vivos integram um sistema produtivo complexo com componentes bióticos e abióticos, envolvendo ecossistemas costeiros os mais diversos (estuários, baías, enseadas, etc.) e a estrutura da organização produtiva pesqueira (pesca artesanal e pesca empresarial/industrial). O problema da captura liga-se ao problema da perda do produto (manuseio, conservação e transporte inadequados), o que faz com que a pesca seja conduzida de modo desordenado. Por isso, as diretrizes do Plano cogitam da identificação de novos recursos pesqueiros, da aplicação de novas tecnologias (da pesca e do pescado) e da viabilização da maricultura como atividade produtiva de alimentos (pesquisa integrada em áreas específicas).

Entre os condicionantes e necessidades dos recursos do mar o Plano cita as influências climáticas, a falta de meios flutuantes devidamente equipados, a insuficiência de equipamentos, a precariedade dos sistemas de sensoriamento e a fragilidade dos recursos humanos voltados para a pesquisa oceanográfica. Menciona, também, o papel positivo desempenhado pelo Banco Nacional de Dados Oceanográficos (BNDO) quanto a informações interdisciplinares da área econômica adjacente à costa brasileira e da participação do país em programas internacionais de pesquisa, como o TOGA (Integração entre Oceanos Tropicais e a Atmosfera) e o WOCE (Experimento Mundial da Circulação Oceânica).

2 — Diretrizes e Linhas de Ação

Temos, aqui, os seguintes itens: levantamento dos potenciais sustentáveis de captura de recursos vivos da zona econômica exclusiva; caracterização dos ecossistemas marinhos; recursos pesqueiros; avaliação da potencialidade mineral da plataforma continental; processos físicos, costeiros e oceânicos; processos químicos; instrumentação; intercalibração; meios flutuantes; e formação de recursos humanos.

O levantamento dos potenciais sustentáveis de captura de recursos vivos da zona econômica exclusiva é fundamental, tendo em vista a extensão da área. Leva em conta os seguintes pontos: inventário dos recursos vivos da ZEE; as características ambientais de sua ocorrência; a determinação de sua biomassa; e o estabelecimento dos potenciais de captura.

A caracterização dos ecossistemas marinhos, em termos estruturais e funcionais, inclui o ambiente abiótico (temperatura, salinidade, circulação, radiação solar, marés, nutrientes, processos de reciclagem, oxigênio, gás carbônico, etc.) e o ambiente biótico (estudos qualitativos e quantitativos, produção, fluxo de energia, etc).

Os recursos pesqueiros, conforme *retro*, incluem a identificação de novos recursos (desconhecidos ou mal explotados); tecnologia de pesca e do pescado (com vistas à segurança operacional, a economia de insumos e o aumento da produção e produtividade); a maricultura (espécies para cultivo, espécies em cativeiro, produção de larvas, sementes e mudas, construção e manejo de tanques e viveiros, avaliação de custo/benefício); e aspectos sócio-econômicos (reexame do binômio pesca artesanal-pesca industrial, em virtude das transformações tecnológicas ocorridas).

A avaliação da potencialidade mineral da plataforma continental conduz ao mapeamento geológico-geomorfológico da zona costeira e da plataforma submarina interna (geográfica), inclusive, para a avaliação de seus recursos minerais, e ao mapeamento geológico, geoquímico e geofísico da margem continental do país, com vistas, também, à avaliação de seus recursos minerais.

Os processos físicos, costeiros e oceânicos levam em conta o entendimento dos mecanismos de troca de massas de água entre a plataforma e o talude, e o cálculo dos fluxos de calor e dos materiais dissolvidos e em suspensão na água do mar. A eles ligam-se processos químicos: levantamento de dados oceanográficos; avaliação da qualidade ambiental dos ecossistemas costeiros oceânicos; verificação da qualidade dos recursos vivos; identificação de fontes de nutrientes; participação nos estudos de prospecção e pesquisa dos recursos minerais, etc.

O Plano cogita, também, de uma instrumentação avançada para o desenvolvimento das atividades de pesquisa, a que se vinculam programas de intercalibração, que visam a confiabilidade da metrologia dos parâmetros físicos e químicos da água do mar (água, solo, sedimentos, etc.). Esses programas tanto serão nacionais, como internacionais (cooperação).

Indispensáveis, também, são o estabelecimento de centros de pesquisas para o desenvolvimento dos estudos marinhos (áreas costeiras, plataforma e áreas oceânicas), razão pela qual o Plano propõe a formulação de um Programa Nacional de Gerenciamento de Meios Flutuantes, assim como, a formação de recursos humanos. Trata-se da criação de grupos competentes nos domínios da Oceanografia Física, Química, Biológica e Geológica (docentes, técnicos e profissionais de nível médio).

3 — *Iniciativas*

Propõe o Plano a criação de uma Comissão de Especialistas para o estudo das questões marinhas, assegurando a abordagem interdisciplinar da pesquisa das áreas da Oceanografia.

4 — Coordenação e Controle

O Plano é o desdobramento da Política Nacional para os Recursos do Mar (PNRM), cujos princípios básicos são: harmonização com a política nacional; articulação com as políticas nacionais setoriais; execução descentralizada; colaboração em programas internacionais; supervisão da ação governamental; e estímulo à participação do setor privado.

5 — Análise, Acompanhamento e Avaliação de Projetos

A responsabilidade é da comunidade, como um todo, e do meio científico especializado, através de publicações, comunicações em congressos e outros eventos, pesquisa de consultores *ad hoc* e encontros sobre discussão integrada das metodologias e resultados obtidos em projetos de enfoques similares.

O Programa REVIZEE compreende nove Partes e dois Anexos. As Partes são as seguintes: Antecedentes; Situação Atual da Pesca e Produção Pesqueira; Objetivos; Estratégia de Operacionalização; Metodologia de Trabalho; Programa; Coordenação; Resultados Esperados; Bibliografia. Os Anexos são: Elenco de Medidas Oceanográficas e Pesqueiras; Previsão de Recursos Financeiros.

A — Pesca

O Programa parte do princípio de que o mar brasileiro é importante fonte geradora de alimento, de emprego e de divisas para a Nação. Daí a necessidade de um trabalho grupal, devido à vasta extensão da zona econômica exclusiva (cerca de 3.000.000 km^2), à limitação de recursos humanos qualificados, à insuficiência de meios flutuantes e à escassez de recursos financeiros.

A pesca, que já apresenta sinais de sobrepesca, segundo sua escala de operação, classifica-se em:

1 — pesca de subsistência, para a obtenção de alimento, sem finalidade comercial.

2 — pesca artesanal, que se caracteriza pela finalidade comercial combinada com a de obtenção de alimento.

3 — pesca de pequena escala, com objetivo exclusivamente comercial, através de embarcações de porte médio.

4 — pesca industrial costeira, também de fim comercial, por meio de embarcações de maior autonomia, dotadas de equipamentos eletrônicos de navegação.

5 — pesca industrial oceânica, constituída de embarcações de grande autonomia, aptas a operar na ZEE e nas áreas oceânicas, com industrialização do pescado a bordo e dotadas de sofisticados equipamentos eletrônicos de navegação.

B — *Objetivos e Operacionalização*

O Programa visa ao levantamento dos potenciais sustentáveis de captura dos recursos vivos da ZEE, com a finalidade de:

1 — inventariar os recursos vivos da ZEE e as características ambientais de sua ocorrência.

2 — determinar suas biomassas.

3 — estabelecer os potenciais de captura.

Sua operacionalização compreende:

1 — Divisão da ZEE em áreas, em face de sua extensão e das características funcionais da costa brasileira, as quais serão pesquisadas durante quatro anos:

a — Costa Sul (do Chuí ao Cabo de São Tomé) — Projeto 1 — região que apresenta abundância de peixes (sardinha, atuns e afins, corvina, castanha, pescadinha, camarões, anchova, etc.), onde o setor pesqueiro conta com os parques industriais do Rio de Janeiro, São Paulo, Santa Catarina e Rio Grande do Sul.

b — Costa Central (do Cabo de São Tomé a Salvador, incluindo as Ilhas Trindade) — Projeto 2 — onde ocorre a captura de peixes de linha de fundos rochosos, camarões e lagostas.

c — Costa Nordeste (de Salvador à Foz do Rio Parnaíba, incluindo Fernando de Noronha e os Rochedos São Pedro e São Paulo) — Projeto 3 — onde se localizam recursos pesqueiros de qualidade, embora não volumosos, principalmente demersais (lagostas, pargo, etc.), em virtude da pouca largura da plataforma continental.

d — Costa Norte (da Foz do Rio Parnaíba à fronteira marítima com a Guiana) — Projeto 4 — com 36% da área da plataforma continental do país, onde há pesca do camarão e da piramutaba (estuário), com ampla possibilidade de aproveitamento da fauna acompanhante na captura do arrasto do camarão.

2 — Meios flutuantes: recuperação e manutenção das condições operacionais da frota existente, ao lado da obtenção de meios mais adequados (navios oceanográficos, arrendamento ou cooperação internacional).

3 — Instrumentos e equipamentos: viabilização dos meios adequados para pesquisa, melhoria das condições para a manutenção de equipamentos e agilização de importação de equipamentos e peças de reposição.

4 — Recursos humanos: contratação de pessoal qualificado, realização de cursos e participação em simpósios, congressos e seminários.

5 — Setor produtivo: estreitar as relações entre o Programa e o setor produtivo pesqueiro, através de serviço de informação, inclusive, de levantamento estatístico da pesca comercial.

6 — Aspectos administrativos: agilidade na tramitação dos instrumentos legais (convênios, acordos e protocolos de intenção); superação de entraves na operacionalização de recursos para investimentos e custeio de projetos; publicação e divulgação dos resultados dos trabalhos executados.

C — *Metodologia de Trabalho*

O Programa cuida da prospecção pesqueira, da pesquisa na área da oceanografia física, química, biológica e geológica, e do emprego do sensoriamento remoto para o fornecimento de informações sobre temperatura e produtividade.

O elenco de medidas oceanográficas e pesqueiras consta do Anexo I do Programa:

1 — Prospecção dos estoques (arrastão de fundo, arrastão de meio-água, espinhal, cerco, etc.).

2 — Dinâmica de população (genética e fisiologia, reprodução, alimentação, distribuição espacial e temporal, etc.).

3 — Oceanografia física (estrutura térmica e salina da coluna d'água, transparência da água, etc.).

4 — Oceanografia química (medidas de concentração de nutrientes e do oxigênio dissolvido na coluna d'água, medidas de poluentes na plataforma continental, etc.).

5 — Oceanografia geológica (batimetria e morfologia do substrato, material em suspensão, etc.).

6 — Oceanografia biológica (composição e quantificação do fitoplancto e do zooplancton na coluna d'água; composição e densidade do bentos, da ictiofauna e do ictioplanctum).

7 — Observações meteorológicas de superfície (direção e velocidade do vento, umidade relativa do ar, nebulosidade, pressão atmosférica e temperatura do ar).

8 — Levantamento estatístico da pesca comercial (mapa de bordo e controle de desembarque).

A avaliação dos resultados permitirá a obtenção das seguintes informações: condições meteorológicas oceânicas; distribuição das propriedades físicas e químicas da água; análise de massas de água; qualidade das águas; natureza e topografia do fundo; componentes da flora e da fauna; efeitos dos poluentes sobre a biota, etc.

D — *Coordenação e Resultados Esperados*

Uma efetiva coordenação dos órgãos envolvidos é fundamental para o sucesso do Programa. Caberá, assim, à CIRM, a supervisão de suas atividades, através da Subcomissão do Plano Setorial para os Recursos do Mar (PSRM), que contará com um Comité Executivo coordenado pelo Ministério do Meio Ambiente e da Amazônia Legal. Caberá, a este, a coordenação dos assuntos relativos à consecução do Programa.

Os resultados esperados são os seguintes:

1 — determinação das biomassas e potenciais de captura, na ZEE, dos recursos pesqueiros demersais (peixes, crustáceos e moluscos), dos recursos pelágicos (sardinha, tubarões, atuns, lulas, etc.) e da variação das condições ambientais que provocam oscilações na distribuição dos recursos pesqueiros.

2 — proporcionar ao setor pesqueiro oportunidades para a diversificação e melhor aproveitamento do parque industrial instalado e formação de uma frota pesqueira oceânica destinada ao aproveitamento dos recursos pesqueiros da ZEE.

3 — incremento da capacidade de pesquisa para efetivar a avaliação do potencial da ZEE, com a incorporação de novos meios flutuantes, instrumental científico e pessoal qualificado em nível nacional.

4 — geração de informações e dados estatísticos para avaliação dos recursos pesqueiros explotados e análises setoriais diversas.

CAPÍTULO III
CONCLUSÕES

1 — A Convenção das Nações Unidas sobre o Direito do Mar (Convenção da ONU/82, Convenção da Jamaica ou Convenção de Montego Bay) compreende um Preâmbulo, 17 Partes e 9 Anexos, além da Ata Final da III Conferência das Nações Unidas sobre o Direito do Mar. Num só documento, dispõe sobre Mar Territorial, Zona Contígua, Estreitos Utilizados para a Navegação Internacional, Estados Arquipélagos, Zona Econômica Exclusiva, Plataforma Continental, Alto-Mar, Ilhas, Mares Fechados ou Semifechados, Estados sem Litoral, a Área, Meio Ambiente Marinho, Investigação Científica Marinha, Desenvolvimento e Transferência de Tecnologia Marinha e Solução de Controvérsias.

2 — Especificamente quanto ao mar territorial, fixou sua extensão até um limite de 12 milhas marítimas, onde o Estado costeiro exerce plena soberania, que se estende ao espaço aéreo sobrejacente, ao leito e ao subsolo do mar. Seguindo a norma genebrina sobre a matéria, abrigou o instituto jurídico da passagem inocente (inofensiva), para todos os navios, de todos os Estados. O Brasil, Estado-Parte da Convenção, em conseqüência, revogou o Decreto-Lei nº

1.098/70, que dispunha, unilateralmente, sobre um mar territorial de 200 milhas marítimas, e promulgou a Lei nº 8.617/93, que estabeleceu, internamente, um mar territorial de apenas 12 milhas marítimas.

3 — A zona contígua também passou a ter 24 milhas a partir da linha de base do mar territorial (na realidade, pois, 12 milhas marítimas), nos termos da Convenção da ONU/82 e, conseqüentemente, da Lei nº 8.617/93. Nela, o Estado costeiro poderá tomar todas as medidas de fiscalização necessárias para evitar e reprimir infrações às leis e regulamentos aduaneiros, fiscais, de imigração ou sanitários, no seu território ou no seu mar territorial.

4 — O regime jurídico de passagem pelos estreitos utilizados para a navegação internacional não afeta o regime jurídico das águas que o formam, nem o exercício, pelos Estados costeiros, de sua soberania ou de sua jurisdição sobre as águas, seu espaço aéreo sobrejacente, leito e subsolo. A Convenção dispõe sobre o regime jurídico das águas dos estreitos, da liberdade de navegação e sobrevôo, da passagem em trânsito e da passagem inocente, mas, não se detém sobre canais, subordinados, na prática, a regimes internacionais, salvo, ao dispor sobre rotas marítimas e sistemas de separação do tráfego.

5 — A Convenção normatiza sobre o regime jurídico das águas arquipelágicas, com base na soberania dos Estados Arquipélagos, salientando o direito de passagem inocente pelas águas arquipelágicas e o direito de passagem em trânsito pelas rotas marítimas arquipelágicas. O Estado Arquipélago, além de designar tais rotas, tem o direito de substituí-las. Pode, também, estabelecer sistemas de separação de tráfego, para a passagem segura de navios, os quais poderão, também, ser substituídos.

6 — Na ZEE, o Estado costeiro tem direitos soberanos para fins de exploração, aproveitamento, conservação e gestão dos recursos naturais, renováveis ou não renováveis, das águas sobrejacentes ao leito do mar, do leito do mar e seu subsolo. Exerce, também, jurisdição quanto à colocação e utilização de ilhas artificiais, instalações e estruturas, à investigação científica marinha e à proteção do meio marinho. Sua extensão é de 200 milhas marítimas, a partir da linha de base do mar territorial (na realidade, pois, 188 milhas marítimas). Os demais Estados gozam, na ZEE, das liberdades de navegação, de sobrevôo e de colocação de cabos e oleodutos submarinos. O Estado costeiro fixa as capturas permissíveis dos recursos vivos de sua ZEE e determina sua capacidade de captura. Quando não puder efetuar a totalidade da captura permissível, dará acesso a outros Estados ao excedente dessa captura, conforme condições estabelecidas em acordos entre as partes. A Convenção admite a operação de navios de outros Estados na ZEE do Estado costeiro, mas, a lei brasileira vai além, pois permite a realização, por outros Estados, de exercícios ou manobras militares, inclusive, as que impliquem o uso de armas ou explosivos, desde que haja o consentimento do governo brasileiro. Tais detalhes econômicos, políticos e estratégicos poderão trazer conseqüências negativas ao Brasil.

7 — A plataforma do Estado costeiro compreende o leito e o subsolo das áreas submarinas (continentais ou insulares) além do seu mar territorial, até, em princípio, uma distância de 200 milhas marítimas. A Convenção admite, porém, uma extensão maior (até ou além de 350 milhas marítimas), o que já vem sendo feito pelo Brasil. O Estado costeiro exerce direitos exclusivos de soberania sobre a plataforma, para fins de exploração e aproveitamento de seus

recursos naturais. Compreendem, estes, os recursos minerais e outros recursos não vivos do leito do mar e subsolo e os organismos vivos pertencentes a espécies sedentárias, que, ao período de captura, estão imóveis ao leito ou subsolo ou só podem mover-se em constante contato físico com esse leito ou subsolo. Tais direitos não afetam o regime jurídico das águas sobrejacentes ou do espaço aéreo acima dessas águas, nem a navegação e outras liberdades dos demais Estados, como a colocação de cabos e dutos submarinos. Os Estados costeiros têm o direito de regulamentar a investigação científica marinha, a proteção do meio marinho, bem como, a construção, operação e uso de ilhas artificiais, instalações e estruturas, admitindo a lei brasileira a condução da investigação científica marinha por outros Estados, com o consentimento prévio do governo do Brasil. A Comissão de Limites da Plataforma Continental (Anexo II) estabeleceu um prazo de até dez anos, após a entrada em vigor da Convenção, para a delimitação da plataforma continental jurídica dos Estados Partes, quando sua extensão máxima será de 200 milhas marítimas, razão da criação, no Brasil, do LEPLAC (Plano de Levantamento da Plataforma Continental Brasileira). Para tornar os limites marítimos do País compatíveis com a Convenção da ONU, o Brasil promulgou a Lei nº 8.617/93. Convenção e Lei falam em exercício de direitos de soberania sobre a plataforma, para exploração e aproveitamento de seus recursos naturais. O mesmo ocorre na ZEE. No mar territorial, entretanto, há plena soberania. Tudo, de acordo com a atual Constituição Federal, que considera bens da União o mar territorial (art. 20, VI) e os recursos naturais da plataforma e da ZEE (art. 20, V).

    8 — No alto-mar não há exercício de soberania. *Res Communis* (e não *res nullius*), ele compreende todas as

partes equóreas não incluídas na ZEE, ao mar territorial ou nas águas interiores de um Estado, nem nas águas arquipelágicas de um Estado Arquipélago. Segundo a Convenção da ONU, as grandes liberdades do alto-mar são a liberdade de navegação, de pesca, de sobrevôo, de colocação de cabos e dutos submarinos, de construção de ilhas artificiais e de investigação científica. A Convenção analisa hipóteses de abalroamento, de assistência, de proibição de transporte de escravos, de cooperação na repressão da pirataria, e tráfico ilícito de estupefacientes e substâncias psicotrópicas (que, infelizmente, não integra o elenco dos atos que admitem o direito de visita) de transmissões não autorizadas, de direito de perseguição, etc. A Convenção dispõe, ainda, sobre conservação e gestão dos recursos vivos do alto-mar, estabelecendo princípios legais sobre pesca e cooperação na conservação e gestão dos recursos vivos do alto-mar.

9 — A Convenção/82 define ilha como a formação natural de terra, rodeada de água, que fica a descoberto na preamar. As ilhas possuem mar territorial, zona contígua, ZEE e plataforma continental. Contudo, as ilhas artificiais, instalações e estruturas, na ZEE e na plataforma, não têm o estatuto jurídico de ilhas. O mesmo ocorre com relação a instalações e equipamento de investigação científica no meio marinho.

10 — Para a Convenção, mar fechado ou semifechado significa um golfo, bacia ou mar, rodeado por dois ou mais Estados e comunicando com outro mar ou com o oceano, por uma saída estreita, ou formado, inteira ou principalmente, por mares territoriais e zonas econômicas exclusivas de dois ou mais Estados costeiros. A cooperação entre Estados costeiros de mares fechados ou semifechados (diretamente ou através de uma organização) importa em coordenar a conservação, gestão, exploração e aproveita-

mento dos recursos vivos do mar, em desenvolver políticas de investigação científica marinha, em empreender programas conjuntos de investigação científica, etc.

11 — Desde o início do século surgiram Declarações, Convenções e Projetos de interesse dos Estados sem Litoral. A Convenção da ONU/82 trata do Direito de Acesso ao Mar e a Partir do Mar dos Estados sem Litoral e Liberdade de Trânsito. Segundo ele, tais Estados têm o direito de acesso ao mar e a partir do mar para o exercício de seus direitos, incluindo os relativos à liberdade do alto-mar e ao patrimônio comum da Humanidade. Gozam, também, de liberdade de trânsito pelo território dos Estados de trânsito, através de todos os meios de transporte. Finalmente, os Estados sem litoral (e os Estados geograficamente desfavorecidos) participarão, numa base eqüitativa, ao aproveitamento dos excedentes dos recursos vivos das zonas econômicas exclusivas dos Estados costeiros da mesma região ou sub-região e em projetos de investigação científica marinha propostos a Estados costeiros.

12 — Conforme a Convenção, a Área (com seus recursos) é patrimônio comum da Humanidade. Este é um dos princípios básicos que regem a Área, ao lado da cooperação, fins pacíficos, investigação científica marinha, transferência de tecnologia e proteção do meio marinho. A Convenção dispõe sobre o aproveitamento dos recursos da Área, seus órgãos, solução de controvérsias e pareceres consultivos. O papel da Autoridade (Autoridade Internacional dos Fundos Marinhos) é fundamental, em termos de políticas de produção, sendo os minerais extraídos da Área alienados através dela, o que pode gerar distorção do princípio de patrimônio comum da Humanidade, por parte do G-7, contra os legítimos interesses do G-77. Os órgãos principais da Autoridade são a Assembléia, o Conselho, o Secre-

tariado e a Empresa. Sintetiza, esta, o poder da Autoridade e, pelo seu Estatuto, atua através de um Conselho de Administração e de um Diretor Geral. A Convenção elenca os seguintes meios para a solução de controvérsias: meios pacíficos, inclusive, conciliação; Tribunal Internacional do Direito do Mar (enfatizando sua Câmara de Controvérsias dos Fundos Marinhos, incompetente, porém, para se pronunciar sobre o exercício, pela Autoridade, de seus poderes discricionários); Tribunais Arbitrais; Tribunais Arbitrais Especiais; e a CIJ. A Assembléia Geral da ONU, através da Resolução n° 48/263, de 28-07-94, aprovou o Acordo sobre a Implementação da Parte XI da Convenção (a Área) — cujos princípios não foram bem aceitos por países de economia cêntrica — estabelecendo, de forma estratégica, que futuras ratificações ou adesões à Convenção significariam aceitação do Acordo, e que a aceitação do Acordo importaria em prévia aceitação da Convenção. Foi, sem dúvida, uma forma inteligente de atrair grandes potências à Convenção, participando, do Acordo, até 16-06-95, 122 Estados (inclusive, grandes Estados), em termos de aplicação provisória, enquanto apenas 76 Estados (principalmente, pequenos Estados) haviam ratificado a Convenção.

13 — A Parte XII da Convenção trata da proteção e preservação (conservação) do meio marinho, em termos de cooperação; assistência técnica; controle sistemático e avaliação ecológica; regras internacionais e legislação nacional para prevenir, reduzir e controlar a poluição no meio marinho; execução de normas; garantias; e responsabilidade. A cooperação é analisada no plano mundial e regional, pelos Estados, diretamente, ou por meio de organizações internacionais (notificação de danos, programas de investigação, troca de informações, etc.), merecendo destaque, no setor, as Conferências do ACOPS (*Advisory Committee on Pro-*

tection of the Sea). Os Estados, diretamente ou por meio de organizações, prestarão assistência científica e técnica aos países em desenvolvimento. Há, também, controle sistemático e avaliação ecológica, quanto aos riscos ou efeitos de poluição, da publicação de relatórios e da avaliação dos efeitos potenciais de atividades no meio marinho. No tocante a adoção e execução de leis nacionais e internacionais para prevenir, reduzir e controlar a poluição no meio marinho, a Convenção trata da poluição de origem terrestre, da poluição proveniente de atividades relativas aos fundos marinhos sob jurisdição nacional, da poluição proveniente de atividades na Área, da poluição por alijamento, da poluição proveniente de embarcações e da poluição decorrente da atmosfera. Finalmente, prevê a Convenção, como garantias para facilitar os procedimentos, a audiência de testemunhas, a apresentação de provas, em geral, e o exercício do poder de polícia dos Estados, traçando parâmetros sobre investigação de embarcações estrangeiras, com base na Ação de Responsabilidade Civil por perdas ou danos e na imposição de penas pecuniárias.

14 — Todos os Estados e organizações têm o direito de realizar investigação científica marinha, respeitados os direitos dos outros Estados e organizações, com base nos seguintes princípios: realização com fins exclusivamente pacíficos; efetivação por métodos científicos compatíveis com a Convenção; não interferência com outras utilizações legítimas do mar; e respeito à proteção do meio marinho. A cooperação internacional respeitará a soberania dos Estados, através de informações, por meio de acordos bilaterais ou multilaterais. A realização e promoção da investigação científica marinha é analisada, pela Convenção, no mar territorial, na ZEE, na plataforma continental, na Área e no alto-mar, sendo que, nos três primeiros casos, os Estados

costeiros têm o direito de autorizar sua condução por outros Estados, como decorrência de sua soberania. A colocação e utilização de instalações e equipamento de investigação científica no meio marinho são legais, mas não têm o estatuto jurídico de ilhas, não afetando, sua presença, a delimitação do mar territorial, da ZEE e da plataforma do Estado costeiro, e nem as rotas de navegação internacional. Em volta dessas instalações, porém, podem ser estabelecidas zonas de segurança de largura razoável, que não excedam uma distância de 500 metros. Estados e organizações são responsáveis por seus atos, pagando indenização pelos danos causados, sendo as controvérsias solucionadas pelas partes ou através do Tribunal Internacional do Direito do Mar, dos Tribunais Arbitrais, dos Tribunais Arbitrais Especiais e da CIJ. Os Estados, por si ou através de organizações, promoverão o desenvolvimento e transferência de tecnologia marinha a todos os Estados interessados e aos países em desenvolvimento, quanto à exploração, aproveitamento, conservação e gestão dos recursos marinhos, à proteção do meio marinho e à investigação científica marinha. As formas de cooperação internacional compreendem programas bilaterais, regionais ou multilaterais existentes, programas ampliados e novos programas, inclusive, com o estabelecimento de centros nacionais e regionais de investigação científica e tecnológica marinha.

15 — A Convenção da ONU, em sua Parte XV, trata da solução de controvérsias, em três Secções. Na Secção 1, fala em meios pacíficos, enfatizando o papel da conciliação. Na Secção 2, prevê procedimentos compulsórios conducentes a decisões obrigatórias. Trata-se do Tribunal Internacional do Direito do Mar (que conta com uma Câmara de Controvérsias dos Fundos Marinhos), de Tribunais Arbitrais, de Tribunais Arbitrais Especiais e da CIJ, que terão

plena jurisdição sobre qualquer controvérsia relativa à interpretação ou aplicação da Convenção. Na Secção 3, a Convenção dispõe sobre limites e exceções à aplicação da Secção 2, o que enfraquece a escolha dos procedimentos compulsórios conducentes a decisões obrigatórias. Quanto aos limites, temos controvérsias quanto ao exercício, por um Estado costeiro, dos seus direitos soberanos e ao tocante à investigação científica e à pesca. Quanto às exceções, temos hipóteses de delimitação de zonas marítimas e de atividades militares, além das controvérsias a respeito das quais o Conselho de Segurança da ONU estiver exercendo suas funções. Inúmeras foram as controvérsias ocorridas nos espaços marinhos, envolvendo navios de guerra e privados, direito de visita e de perseguição, abalroamento, poluição, etc. A solução nem sempre foi legítima, por ausência de normas, por demandos ou pela inexistência de um órgão julgador competente. Com a Convenção da ONU, há esferas próprias para a solução de tais controvérsias, a despeito dos aspectos negativos de sua Secção 3.

16 — Uma das conseqüências da Convenção da ONU, para o Brasil, foi a promulgação da Lei nº 8.617/93. Esta, ao revogar o Decreto-Lei nº 1.098/70, substituiu o mar territorial de 200 milhas marítimas do País, por um mar territorial de apenas 12 milhas marítimas, onde o mesmo exerce plena soberania nas águas, ao espaço aéreo sobrejacente e ao leito e subsolo, mantido o instituto da passagem inocente (inofensiva). A zona contígua compreende a faixa que se estende das 12 às 24 milhas marítimas da linha de base do mar territorial, onde o Brasil pode tomar medidas de fiscalização, para evitar e reprimir infrações às leis e regulamentos no seu território ou no seu mar territorial. A ZEE compreende uma faixa que se estende das 12 às 200 milhas marítimas, a partir da mesma linha de base, onde o País

tem direitos soberanos para fins de exploração, aproveitamento, conservação e gestão dos recursos naturais, vivos ou não vivos, das águas sobrejacentes ao leito do mar, do leito do mar e seu subsolo, reconhecido a todos os Estados o gozo das liberdades de navegação e de sobrevôo. Nela, o Brasil tem o direito exclusivo de regulamentar a investigação científica marinha (que, contudo, poderá ser conduzida por outros Estados, com o consentimento prévio do governo brasileiro). Nela, também, poderá ocorrer a realização, por outros Estados, de exercícios ou manobras militares (inclusive, quanto ao uso de armas ou explosivos), com o consentimento do governo brasileiro. Finalmente, a plataforma continental compreende o leito e o subsolo das áreas submarinas além do mar territorial do País. A lei fala numa extensão de 200 milhas marítimas, mas, como cita, expressamente, o art. 76 da Convenção, não afasta a hipótese de 350 milhas marítimas (ou mais) de extensão. Nela, o Brasil exerce direitos soberanos para fins de exploração e aproveitamento de seus recursos naturais; regulamentar a investigação científica marinha (que, porém, poderá ser conduzida por outros Estados com o consentimento prévio do governo brasileiro); autorizar e regulamentar perfurações na plataforma; e nela colocar cabos e dutos (direito esse reconhecido a todos os Estados).

17 — Outra conseqüência da Convenção, para o Brasil, foi o Projeto LEPLAC (Plano de Levantamento da Plataforma Continental Brasileira), instituído pelo Decreto nº 98.145/89. A Comissão de Limites da Plataforma Continental, criada pela Convenção, concedeu um prazo de até dez anos, a partir da entrada em vigor da Convenção, para a delimitação da plataforma, após o que sua extensão máxima será de 200 milhas marítimas. A estrutura do LEPLAC compreendia o Ministério da Marinha (cuja Comissão In-

terministerial para os Recursos do Mar — CIRM controlava as atividades do LEPLAC), a Petrobrás, o Departamento Nacional da Produção Mineral, as Universidades do Programa de Geologia e Geofísica Marinha e membros da Comunidade Científica. A CIRM, tem representantes dos Ministérios das Relações Exteriores, Fazenda, Educação, Minas e Energia, Ciência e Tecnologia e Meio Ambiente, e conta com uma Secretaria, uma Subcomissão e um Comitê Executivo, com três Subcomitês (Logística, Batimetria e Cartografia, e Geologia e Geofísica). A finalidade do LEPLAC é a delimitação dos limites exteriores da plataforma continental do País, caracterizando linhas de base, o pé do talude continental, realizando levantamentos geofísicos e batimétricos de precisão, etc.

18 — O Programa REVIZEE (Avaliação do Potencial Sustentável dos Recursos Vivos na ZEE), do IBAMA, de 1994, é conseqüência do IV PSRM, nos termos da Convenção da ONU/82 e da Lei nº 8.617/93. Compreende nove Partes e dois Anexos, visando ao levantamento dos potenciais sustentáveis de captura dos recursos vivos da ZEE, para inventariar tais recursos e as características ambientais de sua ocorrência; determinar suas biomassas; e estabelecer potenciais de captura. Traz uma classificação de pesca (de subsistência, artesanal, de pequena escala, industrial costeira e industrial oceânica), compreendendo, sua operacionalização, a divisão da ZEE em áreas (Costa Sul, Costa Central, Costa Nordeste e Costa Norte); estudo dos meios flutuantes; setor produtivo pesqueiro; recursos humanos, etc. A metodologia de trabalho compreende medidas oceanográficas e pesqueiras (prospecção dos estoques; dinâmica de populações; oceanografia física, química, geológica e biológica; observações meteorológicas de superfície e levantamento estatístico da pesca comercial). Os resultados

esperados, *inter alia*, compreendem determinação das biomassas e potenciais de captura, na ZEE, dos recursos pesqueiros demersais e dos recursos pelágicos; formação de frota pesqueira oceânica destinada ao aproveitamento dos recursos pesqueiros da ZEE; incremento da capacidade de pesquisa para efetivar a avaliação do potencial da ZEE, etc.

19 — Do exposto, temos que a Convenção/82:

— Apresenta aspectos positivos, como os contidos em seu Preâmbulo (segurança, autodeterminação, não-intervenção, cooperação, responsabilidade por danos e respeito à soberania), em suas Disposições Gerais (uma ordem jurídica que promova o uso pacífico dos mares e uma ordem econômica internacionalmente justa) e em suas Disposições Finais (adesão, declarações interpretativas, emendas, denúncia, etc.). Além disso, delimitou, internacionalmente, o mar territorial em 12 milhas marítimas, a zona contígua em 24 milhas marítimas (na realidade, 12 milhas marítimas), criou uma zona econômica exclusiva de 200 milhas marítimas (na realidade, 188 milhas marítimas), uma plataforma continental de 200 milhas marítimas (que poderá ir além de 350 milhas marítimas). Dilatou as liberdades do alto-mar. Zelou pelos interesses dos Estados sem litoral. Determinou que a Área (fundo do mar internacional) seria patrimônio comum da Humanidade. Normatizou sobre Estados Arquipélagos, estreitos e outras porções equóreas. E, finalmente, estabeleceu normas específicas sobre pesquisa científica marinha, conservação do meio ambiente marinho e solução pacífica de controvérsias.

— Apresenta aspectos negativos, traduzindo, na prática, a hegemonia dos países de economia cêntrica, através de decisões por consenso, ao invés do voto democrático, o que enfraqueceu a defesa dos interesses dos países periféricos. Permitiu, na ZEE, a cessão, pelo Estado costeiro de suas quotas de exploração e explotação de riquezas, contrariando sua "soberania econômica" e gerando eventuais pressões internacionais por parte do G-7 contra o G-77. Admitiu investigação científica marinha por outros Estados e Organizações na ZEE e na plataforma continental dos Estados costeiros, a qual, embora só possa ser efetivada com seu consentimento, pode, na prática, gerar desequilíbrio político-estratégico. Na Área, a noção de patrimônio comum da Humanidade ficou prejudicada pelos excessivos poderes da Autoridade, cuja Empresa detém o direito de propriedade sobre todos os minerais e substâncias processadas que produzir. Embora a Convenção admita emendas, as vinculadas à Área só serão efetivadas com aprovação da Autoridade. Há, finalmente, certa timidez de posições, como ocorre com a precariedade das sanções e a inocuidade das soluções pacíficas, que, além de não serem obrigatórias, não poderão ocorrer, enquanto o impasse estiver em discussão no Conselho de Segurança da ONU, conforme limites e exceções contidos na Convenção.

BIBLIOGRAFIA

ALBUQUERQUE, Alexandre Tagore de — Conseqüências Decorrentes da Entrada em Vigor da Convenção das Nações Unidas sobre o Direito do Mar, Revista do Clube Militar n° 295/95

ANDRADE, Maria Inês Chaves do — A Plataforma Continental Brasileira, Del Rey, 1995

BRASIL, Ministério da Marinha — M.T., Rio, 1971

CARRIZOSA, Alfredo Vázques — El Nuevo Derecho del Mar, 1976

CASELLA, Paulo Borba — Fundamentos do Direito Interno, Pós-Moderno, (Tese), São Paulo, 2006

Coletânia do Direito Internacional (Organização Valério de Oliveira Mazzuoli) Ed. Revista Tribunais, Gilda C. M. — O Mar e o Direito, 1968.

CONVENÇÃO DAS NAÇÕES UNIDAS SOBRE O DIREITO DO MAR — Ministérios dos Negócios Estrangeiros e do Mar do Governo da República de Portugal, 1985.

CONVENTION DES NATIONS UNIES SUR LE DROIT DE LA MER — La Documentation Française, Paris, 1983.

FLORIO, Franco — Spazi Marinie e Principi di Diritto Internazionale, 1977

LAW OF THE SEA — United Nations Bulletins 26, 27, 28 e 29, 1994, 1995

MAROTTA RANGEL, Vicente — Natureza Jurídica e Delimitação do Mar Territorial, Revista dos Tribunais, S. Paulo, 1966

MEIRA MATTOS, Adherbal — O Homem e o Mar, Ed. Cejup, 1987

MEIRA MATTOS. Adherbal — Reflexões sobre a Convenção de Montego Bay no seu 25º aniversário, in Reflexões sobre Direito Internacional e Relações Internacional, Quartier Latin, São Paulo, 2007.

MEIRA MATTOS. Adherbal — Direito do Mar e Poder Nacional — Políticas e Estratégias, Ed. Cejup, 1989

MEIRA MATTOS. Adherbal — Análise sintética da Convenção das Nações Unidas sobre o Direito do Mar, in Em Defesa da Amazônia Brasileira & Outros Estudos, Ed. Cejup, 1995

MEIRA MATTOS, Carlos de — Estado-Nação e Globalização, 1995

MELLO, Celso Albuquerque de — Curso de Direito Internacional Público, Renovar, 1994

MELLO, Celso Alburquerque de — ALTO MAR, Renovar, Rio de Janeiro, .

Mar Territorial, Ed. Freitas Bastos, 1965

NAZO, Georgette Nacarato — Segurança e Estratégia na Perspectiva da Globalização, in Questões Importantes referentes ai Mar, Soamar, São Paulo, 1996.

NAZO, Georgette Nacarato — Os Órgãos Principais criados pela Convenção das Nações Unidas sobre o Direito do Mar, in As Águas ao Limiar do Século XXI, Soamar, São Paulo, 1999.

RAMALHETE, Clóvis — Alguns Objetivos das 200 Milhas, *in* Revista Militar Brasileira, 1971

RANGEL, Vicente Marotta — A Problemática Contemporânea do Direito do Mar, in Leonardo Hemen Brant (Coord) — Brasil e os Desafios do Direito Internacional,, Rio de Janeiro, 2004.

REPORT OF THE 65th CONFERENCE OF THE INTERNATIONAL LAW ASSOCIATION, Cairo, 1992

REZEK, J. F. — Direito Internacional Público, Curso Elementar, 1991

ROLIM, Maria Helena F. de Souza — Interdependência entre as Áreas Costeiras e a Zona Econômica Exclusiva, S. Paulo, 1995

ROMANIELO, Enrico — O Direito do Mar e o Desenvolvimento (Tese), Uberlândia, 2006.

RUSSOMANO, Gilda C.M. — O Mar e o Direito, Porto Alegre, 1968

SILVA, Paulo Moreira da — O Desafio do Mar, 1970

Os Recursos do Mar, Revista da Escola Superior de Guerra, Rio de Janeiro, 1984

SOARES, Guido Fernando da Silva — As Responsabilidades no Direito Internacional do Meio Ambiente, Ed. Komedi, S.P, 1995

SOUZA, Jairo Marcondes de — Vamos Conhecer o Projeto LEPLAC? Petrobrás, Informe Geofísico nº 99, Abril/1993

TORRES, Vasconcelos — Mar Territorial e Marinha de Guerra, Brasília, 1966

Impresso em offset nas oficinas da
FOLHA CARIOCA EDITORA LTDA.
Rua João Cardoso, 23 – Tel.: 2253-2073
Fax.: 2233-5306 – Rio de Janeiro – RJ – CEP 20220-060